广西高校人文社会科学重点研究基地基金资助

协同驱动与创业腾飞：
滇黔桂高校学生创业能力研究

克琴 著

广西科学技术出版社

·南宁·

图书在版编目（CIP）数据

协同驱动与创业腾飞：滇黔桂高校学生创业能力
研究/克琴著.—南宁：广西科学技术出版社，2024.4
　　ISBN 978-7-5551-2177-0

　　Ⅰ.①校… Ⅱ.①克… Ⅲ.①大学生—创业—研究
Ⅳ.①G647.38

　　中国国家版本馆CIP数据核字（2024）第076473号

协同驱动与创业腾飞：滇黔桂高校学生创业能力研究

克琴　著

责任编辑：梁诗雨　　　　　　　　　装帧设计：韦宇星
责任校对：冯　靖　　　　　　　　　责任印制：韦文印

出 版 人：梁　志
出版发行：广西科学技术出版社
社　　址：广西南宁市东葛路 66 号　　　邮政编码：530023
网　　址：http：//www.gxkjs.com
印　　刷：广西民族印刷包装集团有限公司

开　　本：787 mm×1 092 mm　1/16
字　　数：201 千字　　　　　　　　　印　　张：9.5
版　　次：2024 年 4 月第 1 版
印　　次：2024 年 4 月第 1 次印刷
书　　号：ISBN 978-7-5551-2177-0
定　　价：50.00 元

前　言

中国多年的实践证明，校企协同创新是可行的。政府、高校、金融机构、研发机构及中介机构等应与企业一起构建分工协作、有机结合的创新链，形成具有中国特色的协同创新体系，以培养创新创业型人才，提高大学生的创业能力。然而滇黔桂地区多数的高校和企业仍停留在浅层的合作上，没有实现深度协同，没有实现双方创新资源的流动和重组，更没有让同质资源产生差异化价值，没有将创新资源的最大价值有效地作用于大学生创业能力的提升。如何推动滇黔桂地区的高校和企业之间实现资源共享与深度协同，进而提高大学生的创业能力，已成为滇黔桂地区高校和社会发展急需解决的重要问题。

本书以协同创新理论、资源拼凑理论和利益相关者理论为理论基础，通过向研究对象发放调查问卷、进行半结构式访谈并收集数据，并根据问卷回收后的统计结果，结合深度访谈，从资源拼凑的视角，研究校企协同创新过程中对滇黔桂地区大学生创业能力的影响因素及作用机制，为我国校企协同提高大学生创业能力提出对策建议。

本书依据研究情境对资源拼凑、校企协同行为、创业能力、创业政策和校园创新氛围5个核心概念进行界定；设计资源拼凑的校企协同对大学生创业能力的影响机制架构；构建"校企协同行为—资源拼凑—创业能力"关系模型；设计出资源拼凑视角下关于校企协同对创业能力的影响的调查问卷。研究假设均通过实证检验，如校企协同行为对大学生创业能力有显著影响，资源拼凑在校企协同行为和大学生创业能力间发挥部分中介效应作用，创业政策在校企协同行为和大学生创业能力间、校园创新氛围在校企协同行为和大学生创业能力间均发挥显著的调节作用。比较发现校企协同行为、资源拼凑、创业政策和校园创新氛围对有创业经验大学生的创业能力影响更大；研究资源拼凑视角下校企协同对大学生创业能力的影响机制。针对研究发现的参与校企协同的高校和企业自身创新资源不足，可用于创新的资金、技术、人才储备不够，创新激励不够，企业对学生指导缺位，校企职责没有理顺等问题，本书提出了加强校企协同创新的广度和深度，如何建立全面的资源共享机制；提高创新活动的激励力度，营造良好的校内创新环境；加强协同创新的规划与指导，助力培养学生的创业能力等对策建议，为政府、高校和企业提供管理启示和建议。

　　本书从管理学领域的资源拼凑和教育学领域的大学生创业能力关系入手，改良校企协同行为测量量表、深化创业能力培养的关键路径、完善校企协同对大学生创业能力影响的研究、丰富资源拼凑视角下校企协同的创新机制、拓展资源拼凑和协同创新的研究视野，为发展协同创新理论提供新的视角。

　　本书依据 2021 年度广西高等教育本科教学改革工程项目——聚焦"六融合"构建"多层次全覆盖"创新创业课程体系的研究与实践（2021JGZ156）的研究成果编写而成，其出版得到了广西高校人文社会科学重点研究基地基金资助，在此一并致谢。

目　录

第一章 导 论

1.1 选题背景和研究问题

创新已经成为驱动社会经济发展的主要动力。滇黔桂三省（区）地理位置相邻，在历史渊源、自然资源、民族文化、社会经济、地理环境等方面具有很大程度的趋同性；加之南贵昆经济区、泛珠三角区域、长江经济带、珠江—西江经济带等区域合作发展规划，加强了滇黔桂地区的政治、经济、文化和教育之间的联系。随着科技的不断进步，滇黔桂地区要实现高质量发展，就必须完善创新体系，解决创新资源获取重复、科研力量分散、创新主体功能定位不清晰等突出问题，提高创新体系的整体效能。全新的历史方位、全新的社会发展特点对大学生、高校和企业都提出了新的时代要求。高校需加强与企业之间的协同，发挥校企双方的资源优势，实现校企协同创新，让创新创造的血液在大学生的思维中自由流动，从而发展以创新人才为依托的创新型经济，建设以科技创新为主体的创新型国家。对滇黔桂三省（区）区域联合发展及协调机制进行研究，有助于促进滇黔桂少数民族教育事业的快速发展，理论意义和实际意义兼具。

1.1.1 选题背景

2018 年 8 月统计局发布的《波澜壮阔四十载 民族复兴展新篇》报告中提出："2017 年，我国国内生产总值按不变价计算增长 33.5 倍，年均增长 9.5%，平均每 8 年翻一番，远高于同期世界经济 2.9% 左右的年均增速，在全球主要经济体中名列前茅。"中国经济长期持续高速发展的现象，被世界各国称为中国奇迹。但是在发展过程中，同时存在着区域格局固化、二元结构扭曲、供需矛盾突出等结构性失衡问题。要实现中国经济的高质量发展，就要提高科技进步对经济增长的贡献率、大力发展创新型经济、建设创新型国家。

实施创新驱动发展战略是一项系统工程，涉及社会发展的方方面面。政府、高校、金融机构、研发机构及中介机构等应与企业一起构建分工协作、有机结合的创新链，形成有中国特色的协同创新体系。实践证明，校企协同创新是可行的，在政府的引导、调控和支持下，高校和企业实现产学研的融合发展，促进创新资源高效配置和重组集成，实现产业结构调整和升级，推动经济发展模式转型升级。美国、德国、日本等发达国家也正是通过科技创新和鼓励创业的方式实现技术研发的产业化，在全球市场占领了科技和产业前沿的战略制高点。

实施创新驱动发展战略，关键在于培养高层次的创新型人才。基于此，2012 年教育部率先行动，开始实施"高等学校创新能力提升计划（2011 计划）"，先后建立了两批共 38 个协同创新中心，以推进高校同企业开展深度合作，建立协同创新战略联盟，促进资源共享。

2015 年 3 月，国务院《政府工作报告》中就明确提出"大众创业、万众创新"，鼓励个人和企业要勇于创新创业，全社会要厚植创新创业土壤。由此中国迎来了"双创"的时代潮流，伴随着互联网和全球化发展的态势，各种新产业、新业态、新模式不断涌现，创新创业成为整个社会关注的热点，为经济发展注入了新的活力。与此同时，创新型应用型人才短缺的问题日益突出，因此，培养高层次的创新型人才是时代的必然要求。

为此，中国开始深入推进高等教育转型发展，要求高等教育也要顺应时代发展趋势，转变传统的人才培养模式，开展创新创业教育，培养社会和经济转型发展需要的高素质、高水平的应用型人才。2015 年 5 月，国务院办公厅印发《关于深化高等学校创新创业教育改革的实施意见》，目的是进一步深入推进创新创业教育改革，切实发挥好典型示范引领作用。教育部开展深化创新创业教育改革示范高校认定工作，先后认定北京大学等 99 所高校为"全国首批深化创新创业教育改革示范高校"，中国人民大学等 101 所高校为"全国第二批深化创新创业教育改革示范高校"。2015 年 11 月，教育部、国家发展改革委、财政部又重磅出击，联合印发了《关于引导部分地方普通本科高校向应用型转变的指导意见》，确立了高校转型发展的重要意义、指导思想、基本思路、主要任务、配套政策和推进机制，指出"深化产教融合、校企合作，促进高校科学定位、特色发展"，进一步加快了地方普通本科高校转型发展的步伐。2018 年 9 月，国务院印发《关于推动创新创业高质量发展打造"双创"升级版的意见》，旨在通过优化创新创业环境，推动形成线上线下结合、产学研用协同、大中小企业融合的创新创业格局。2022 年，党的二十大报告中明确指出："我们要坚持教育优先发展、科技自立自强、人才引领驱动，加快建设教育强国、科技强国、人才强国，坚持为党育人、为国育才，全面提高人才自主培养质量，着力造就拔尖创新人才，聚天下英才而用之。"在此大背景下，滇黔桂地区积极出台系列政策鼓励创新，引导校企合作，将创新放在推动区域发展的核心地位。

目前，政策措施已初显成效：我国科技进步对经济增长的贡献率已经从 2013 年的 51.7% 增长到 2019 年的 59.5%；2023 年我国国家创新指数得分为 72.7 分，综合排名世界第 10 位，农业科技进步贡献率达 63.2%，科技助力农业生产效率效益持续提升，农业科技创新整体水平已经迈入世界第一方阵。

虽然有关部门在政府和社会层面认识到了校企协同创新过程中资源的跨组织重组对大学生创业能力提升的重要作用，并颁布了一系列创业政策鼓励和促进校企协同创新，但是多数高校和企业的合作仍停留在浅层，没有实现深度协同，也没有让双方的创新资源实现流动和重组，更没有让同质资源产生差异化价值，无法做到更好地推动高校创业教育的跨越式发展，提高大学生的创业能力，具体表现为两方面。一是大学毕业生创业情况并不理想。麦可思公司跟踪撰写的 2021 年、2022 年、2023 年的《中国大学生就业报告》（就业蓝皮书）提到，2020 届、2021 届、2022 届本科毕业生毕业半年后的自主创业比例分别为 2.7%、2.3%、

1.6%，预计 2023 届毕业生在经济运行不确定因素增多的情况下，自主创业比例更低。与创业界流传的"美国大学生创业比例约为 28%、成功率约为 20%"的说法相比，中国大学生就业创业情况相去甚远。二是创业带动就业的优势尚未显现。毕业生就业压力依然很大，就业形势复杂而严峻，不容乐观。2023 届高校毕业生规模达 1158 万人，2024 届高校毕业生规模预计达 1179 万人，毕业生数量急剧增长。经济下行压力使得就业形势更加严峻，就业市场结构性矛盾不断加剧。更令人担忧的是，这种就业难度高峰期可能会一直延续至 2027 届毕业生乃至更后。

基于以上背景可以归纳出，推动滇黔桂地区高校和企业之间实现资源共享和深度协同，成为滇黔桂地区高校和社会发展急需解决的重要问题。

1.1.2　研究问题

2023 年 9 月，习近平总书记指出："要把增强科技创新能力摆到更加突出的位置，整合科技创新力量和优势资源，在科技前沿领域加快突破。"因此，优化校企协同的创新机制，促进双方创新资源在协同过程中跨组织的拼凑，从而提高社会整体协同创新能力和创新效率，是打破当前创新瓶颈的迫切要求。

一方面，国家创新驱动发展战略的需要逐渐增加，国家和社会各界对校企协同创新的支持不断增加；另一方面，大学毕业生创业能力整体较弱，自主创业比例低，就业形势复杂严峻。面对现实中的矛盾，该如何打破瓶颈，推动高校和企业之间实现资源共享和深度协同？

经过整理大量的文献资料，专门访谈相关学者和企业家，结合笔者的实践探索，本研究认为可以从以下 2 个方面来分析矛盾存在的原因。

（1）横向来看，有利于提升大学生创业能力的各类资源各自为政、各求发展，没有深度融合形成合力。社会上广泛出现了重视挖掘新的资源而忽视盘活现有资源存量，重视各类创业型人才开发而忽视了创业型人才成长的特殊规律，重视资源投入的个性特征而忽视资源重组的效用最大化等问题。虽然最终社会各界资源投入很大，但是同质性强、协同性差、合力弱化，导致高校创业教育普遍以政策性资源和理论教育性资源为主，大学生参与度低、动手能力弱，不能满足当前社会对创新型人才的要求。

（2）纵向来看，大学生创业能力发展特性界定不清，难以达成共识。社会各界广泛重视创业类横向数据的解读而忽视纵向数据的研究、重视大学生创业的全面资源需求而忽视不同阶段不同大学生创业者的差异性需求、重视大学生创业能力的影响因素而忽视其能力发展的基本规律，最终导致大学生创业能力发展的举措很多，但是针对性差、效果弱化，大学生并没有显著的参与热情和主动性，出现政策举措推行"一厢情愿"的尴尬局面。

资源拼凑理论为解决上述问题提供了有益指导。在资源拼凑的过程中，创新协同双方发现创新机会或根据自身创新需求，利用外部资源，或者双方致力开发同类资源的新用途、新功能，克服资源的约束性。这不仅有利于实现创新目标，而且能帮助参与协同活动的大学生提升创业能力。因此，资源拼凑理论的运用能为校企协同创新影响大学生创业能力的研究提供了新的研究视角。

基于以上分析，笔者提出了本研究的核心问题：校企协同行为如何盘活各类资源，如何通过对资源拼凑进行创新，进而在此过程中影响大学生创业能力？

本研究将从以下几类问题入手，分析校企协同过程中各类资源的拼凑如何作用于大学生的创业能力。

问题1：校企协同行为如何发生，其过程是怎样的？校企协同过程中，资源拼凑是如何发生的？

问题2：资源拼凑与校企协同行为有什么关系，受什么因素影响？校企协同行为如何影响资源的拼凑方式？

问题3：应用型高校在将现有资源加以具体化后深挖新用途、重新组合，达到资源创造性地再造的过程中，应如何提升大学生的创业能力？其受什么因素影响？

问题4：资源拼凑视角下，校企协同对大学生创业能力的作用机制效果如何？有什么对策和建议？

1.2 研究目的和意义

1.2.1 研究目的

资源的利用程度和利用水平是高校和企业协同实现创新目标的关键环节。学术界和实践界对创新核心的两大主体如何破解资源难题展开了讨论，旨在让参与协同的大学生提高创业能力，并因此受益。

本研究基于资源拼凑理论，以校企协同过程中的资源利用模式为核心，通过优化协同双方间的各类创新资源利用水平，打通创新链的各个环节，发挥双方的资源优势，实现各类创新资源的价值最大化；深入探究校企协同行为对大学生创业能力的作用机理，对丰富的创新资源进行分类，实证分析各类资源通过不同的利用模式对大学生创业能力的影响和作用路径。

1.2.2 研究意义

滇黔桂三省（区）在地理位置上相邻、资源优势上互补，各少数民族文化与社会主义核心价值观在不断交融中共同发展，在内容上具有共通性，在精神实质上具有一致性，加上三省（区）同属于国家西部大开发战略、长江经济带战略、珠江—西江经济带战略规划所覆盖区域，对滇黔桂三省（区）高等教育校企协同机制进行研究，具有重大的理论意义和实际意义。

1.2.2.1 理论意义

（1）丰富创业教育理论的研究视角。价值创造是资源拼凑的鲜明特征。高校、企业在一系列创业政策的鼓励下，盘活手中的各类资源，通过拼凑的利用方式，实现资源的创造性再造的新功能、新用途；以大学生创业的差异性需求为导向，发现机会、创造机会实施资源开发，提升高校的创业教育水平。引入资源拼凑的校企协同能更好地发挥双方的优势、提高创新效率，为应用型高校突破资源约束提供了新思路，丰富创业教育理论的研究视角。

（2）拓展资源拼凑理论的应用范畴。资源拼凑作为创业领域的重要理论，现有研究多关注个体层面，忽视了对社会团队层面资源拼凑行为的研究，针对高校如何有效进行资源拼凑这一问题还鲜有人研究。因此，研究社会团队资源拼凑行为是一个具有理论和现实意义的前沿科学议题，能从高校这一全新应用领域出发，丰富并拓展资源拼凑的相关研究。

1.2.2.2 实践意义

（1）为校企协同的创业政策制定提供实证依据，为滇黔桂地区高校和企业参与校企协同提供新思路。本研究关注的是当前和今后在我国创新驱动发展战略实施过程中亟待解决的问题，回答在经济社会发展所需的关键性技术创新过程中，资源如何在校企两大创新主体之间流动和有效组合；如何通过组织自身特征优势、组织间关系及外部环境的利用来促进协同行为的产生和维护协同行为，进而发挥各类资源的最大价值，满足不同个体的差异化需求，提升大学生创业能力，为国家创新驱动发展战略提供人才保障。

（2）有利于改革人才培养模式，助推大学生更好成长成才。创业教育和创业型人才培养是当今世界高校内涵式发展的基本要求，世界上一些极为优秀的创业型大学都取得了令人瞩目的成就。应用型高校对大学生创业能力发展机制的探索，在很大程度上为高校人才培养模式和教学改革体系的改进提供支撑，助推高等教育的整体发展；同时，探索创业型人才成长的规律，有利于高校更好地开展创业教育，以及社会各界更好地开展创业服务，促使大学生不断提高综合素质，为大学生更加优质的发展提供新的可能性，推动我国从人力资源大国更快发展成真正的人力资源强国。

（3）有利于保民生、促就业，服务经济社会又好又快发展。培养大学生创业能力无疑是响应国家号召、切实落实保民生、促就业的重要渠道。创业是更高层次的就业，对就业有倍增效应，有助于解决深层次的社会就业矛盾；同时，提升大学生创业能力有利于提高滇黔桂地区经济建设中高层次创新创业者的比重，有利于提高大学生新创企业的成活率，有利于滇黔桂地区各高校将"束之高阁"的科研成果及早转化，促进经济发展方式更快转型升级。

1.3 研究思路和方法

1.3.1 研究思路

本研究以实证研究为主，多学科理论和方法相结合，系统分析了高校和企业两大创新主体在协同创新过程中，通过资源拼凑将创新资源作用于大学生创业能力的过程机理，构建"校企协同行为—资源拼凑—创业能力"关系模型，探究资源拼凑视角下滇黔桂地区增强校企协同创新对大学生创业能力的对策和建议，研究思路如图1.1所示。

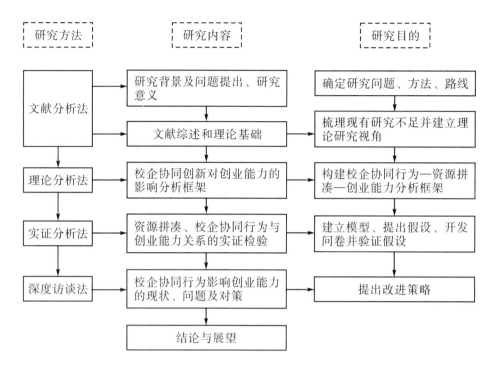

图 1.1　校企协同创新影响大学生创业能力的研究思路

1.3.2　研究方法

1.3.2.1　文献分析法

通过阅读校企协同创新影响大学生创业能力的相关文献，笔者对当前校企协同创新影响大学生创业能力的研究进展进行分析判断，归纳已有研究所取得的成果，对当前研究尚未解决的问题进行提取，发掘有待进一步深入研究之处；分析资源拼凑理论、利益相关者理论、协同创新理论的相关研究成果，探索 3 种理论的应用范围和相互关系；通过运用文献分析法为本文研究问题的深化和理论分析框架与研究模型的建立奠定基础。

1.3.2.2　问卷调查法

通过理论分析和实地访谈，设计调查问卷，在对问卷进行小样本测试分析并根据分析结果进行修正后，再大规模发放问卷；通过调查问卷获取所需的各种数据及资料，并进行数理统计和分析。

1.3.2.3　深度访谈法

根据本研究的理论分析框架，结合实证分析结果，以滇黔桂地区的 34 所应用型本科高校校企协同创新的案例作为访谈对象开展半结构式访谈，探索影响校企协同创新的具体要素，识别在校企协同过程中资源拼凑对大学生创业能力的作用效果，为后续的实证研究提供概念框架；通过与企业高管、高校技术合作管理人员、技术研发人员及高校领导、创业主管部门负责人、专职教师等进行面对面访谈，并搜集相关的内部资料和档案信息，进而对高校、企业两个协同创新主体进行深入分析，深化对校企协同创新现状问题的认识，探索解决当前问题的对策建议。

1.3.2.4　数据统计法

对回收的有效样本进行描述性分析和信效度分析，建立结构方程模型对假设进行检验，根据模型拟合的情况，验证校企协同行为影响大学生创业能力的模型假设。

1.3.2.5　比较研究法

为确保研究结论更加可靠有效，在研究后期征集 128 名具有创业经验的学生填写调查问卷；对数据进行分析后，与正式样本（94.19% 没有创业经验的学生）的分析结果进行比较。

1.4　创新点

1.4.1　拓展和深化协同创新资源的整合过程

本研究从资源拼凑理论视角，设计资源拼凑的校企协同对大学生创业能力的影响机制架构，发现校企两大创新主体在协同创新过程中，通过资源拼凑将创新资源作用于大学生创业能力的过程机理。通过系统地分析校企协同和创业能力的影响因素，本研究认为，创新资源的拼凑是校企协同创新的关键，资源拼凑也可以通过校企协同的行为实现。与以往研究相比，本研究将管理学领域的资源拼凑和教育学领域的大学生创业能力的关系进行研究，是对协同创新中创新资源整合过程机理认识的拓展和深化。

1.4.2　构建"校企协同行为—资源拼凑—创业能力"关系模型

本研究构建"校企协同行为—资源拼凑—创业能力"关系模型，对校企协同的创新行为、资源拼凑、创业能力、创业政策和校园创新氛围进行概念界定、维度划分、变量量化和测量，并通过调查问卷实证验证了这一模型的有效性。根据此模型，本研究检验出资源拼凑在校企协同行为和大学生创业能力间发挥部分中介效应作用，创业政策和校园创新氛围在校企协同行为和大学生创业能力间发挥显著的调节作用。

本章小结

本章主要提出校企协同创新的选题背景和研究问题、研究目的和意义、研究思路和方法以及创新点，试图在校企协同创新领域引入定量研究，借助资源拼凑的中介效应作用，探讨校企协同行为影响大学生创业能力的问题，具有一定的创新性。

第二章 核心概念界定与研究现状

2.1 核心概念界定

2.1.1 校企协同创新和校企协同行为

2.1.1.1 校企协同创新

协同指事物发展过程中各要素之间的有机结合。最早研究协同学理论的是德国物理学家赫尔曼·哈肯。1977 年，赫尔曼·哈肯出版的《协同学导论》中，创立了有系统理论的协合学或协同学，成为系统科学的重要分支理论。他的主要观点有两点：一是我们所研究的对象都是许多子系统的联合作用，各个系统间存在着相互影响而又相互合作的关系；二是协同是许多不同的学科进行合作，以发现各种系统和现象中从无序到有序转变的共同规律和一般原理。慢慢地，协同被广泛应用于组织理论的研究上。英国阿什里奇商学院教授安德鲁·坎贝尔在《战略协同》中提出协同效应，即企业之间的深度融合会产生大于二者之和的效果，经常被表述为"1+1＞2"或"2+2=5"。如果一个系统内部，包括人、组织、环境等各子系统内部之间能够相互协调配合，那么系统的整体性功能将得到提升。学者们强调协同与简单的合作是不同的，而是参与协同活动的各子系统之间更深层次地交流与合作。随着协同理论的发展，学者们发现协同效应的发生通常都具备了 4 个条件，分别是拥有共同的目标驱动、子系统资源的深度融合、子系统组织机制愿意协同目标改变和子系统组织之内植于协同意识。

20 世纪 90 年代，产学研创新联盟逐渐成为全球产业界和学术界关注的热点，协同创新理论应运而生，并逐渐丰富和完善。在已有研究的基础上，时任美国加州伯克利大学汉斯商学院开放式创新研究中心主任亨利·切萨布鲁夫提出了开放式创新理论，认为未来知识的创新和扩散、高层次人才流动的速度都将会越来越快，因此，企业与高校应该在外部知识资源方面开展广泛的协同活动，在这一过程中将双方之间内部和外部的创新资源进行整合，可以提高资源的价值创造能力。他认为开放创新必须是建立在复杂系统的协同活动中，才能产生创新的涌现效应。美国社会学家亨利·埃茨科威兹和罗伊特·雷德斯多夫提出了三螺旋理论，从产学合作的微观层面分析大学、产业和政府之间的关系，并强调大学、产业和政府三方在发挥各自独特作用的基础上，应加强相互之间的多重互动。开放式创新理论和三螺旋理论为从宏观和微观 2 个层面研究协同创新奠定了理论基础。由此可判断，协同创新是技术创新模式从封闭转向开放的必然结果，是系统科学思想在创新系统的顶层设计活动中的必然体现，是对开放式创新理论和三螺旋理论的进一步提升。

近年来，协同创新得到了学者们较为广泛的关注。学者们的研究从协同创新的可能性逐渐深入到协同创新的层次、驱动力、模式、价值。区域创新理论的部分专家认为，高校和企业可以构成一个区域创新体系，在这个创新体系中，高校和企业通过双方之间的合作和协同来支持创新活动，促进协同主体产生创新；此外，还阐述了校企协同创新的目的是提高自身的创新能力。有学者深度挖掘企业参与协同创新的内在驱动力，认为企业在参与外部协同的过程中，可以通过协同挖掘新的市场、获取外部互补性的创新资源；还提到了企业与高校等科研单位构建协同体系，可以提高企业的创新能力，有助于企业开发新的产品，使产品竞争力高于市场中的同类产品。另有学者深入研究了高校参与协同创新的内在驱动力，认为高校在参与校企协同创新的过程中，双方的创新资源可以实现深度融合、重组，推动实践教学的发展，促进高校科研的实用性；同时还可以了解市场发展态势和企业发展的真实需求，培养符合社会和企业需要的高层次创新型人才；还提到校企协同创新活动有助于高校获得更多的科研经费，从而支持教师和学生的科研活动。

目前，中国对校企协同创新的研究成果颇为丰富，专家学者主要围绕校企协同创新的发展过程、现状挑战、影响因素、理论模型、运行机制、评价机制及实践路径等方面开展关于高校参与协同创新的研究。不同学者从自己的研究视角出发对协同创新的概念做出了不同的定义。有学者从知识研究的视角出发，将协同创新定义为企业、政府、高校、研究机构、中介机构和用户等，为了实现重大科技创新的目标，开展大跨度整合的一种以知识增值为核心的创新组织模式。有学者从资源理论视角出发，认为产学研协同创新首先是一种协同活动，在这个活动中，企业、高校、科研院所等协同主体主动投入自己的优势资源和组织能力，借助政府、中介机构等相关主体的支持，实现科技创新和技术攻关。有学者从组织管理学的视角出发，研究校企协同的作用机理，认为校企协同创新是对开放式创新理论和知识创新理论的延伸，进一步阐述了校企协同创新是通过整合主体间系统内外部的创新资源和要素，促进高校与企业在科学研究、创新教育、产业化等创新活动方面的深度合作。邓志新从三螺旋理论视角出发，探索现代产业学院协同创新的困境根源、逻辑机理与实践路径，提出了"三方螺旋、四链融合、五业联动"的协同创新理念。武洋和徐治立通过分析清华大学"产学研医"校企协同创新的案例，总结案例成功的经验和规律，认为校企协同创新是高校和企业为了实现重大科技创新和新技术的市场化应用，从而开展的一系列多元合作活动。

基于上述文献整理，本研究借鉴李奇峰的观点，将校企协同创新界定为在创新驱动的作用下，企业、高校以实现关键性技术创新为目标，通过一系列深度协作行为，获取和拼凑各类创新资源，实现创新资源跨组织流动的活动。校企协同创新不仅可以大幅度提升高校科研成果的转化率，实现基础技术研究向产业化应用的转变，还可以帮助企业突破"卡脖子"的关键性技术，提高产品和服务的科技竞争力。此外，从宏观层面来看，校企协同创新还能达成培养创新型人才、实现校企互利共赢的目的。在这一过程中，企业可以通过关键性技术的创新而获得利润和储备科技人才，高校可以通过创新学习资源的流动而促进创新型人才培养，营造有利于创新的氛围，进一步推进科学研究和基础技术的研发。

2.1.1.2 校企协同行为

学者们对校企之间的协同过程尚未有统一的术语，受产学研合作观念的影响，试图用合作行为、共生行为来刻画这一过程。然而本研究认为，当前高校和组织之间的关系不应局限于简单的合作，而是应该深度的协同，在这一过程中应该进行组织间深度的整合和资源交换。因此，本研究将采用协同行为来描述校企之间深度协作的关系。

目前，校企协同行为还没有能被广泛接受的定义，学者们多是从概念角度进行分析，对于主体间行为的研究，特别是行为过程中资源整合方面的研究几乎没有。例如，王国红等学者分析了协同过程中合作策略和竞争策略的演变机理，认为企业在不同协同阶段和企业拥有不同水平的学习能力会对企业协同行为的选择和收益分配系数的高低产生影响。陈劲等将产学研合作行为策略划分为协同创新、简单合作和不合作3个维度，并运用博弈论分析了不同初始条件下的演变途径，得出采用协同创新策略可使产学研合作的总收益最大。赵映雪曾用强度、频率、质量3个维度对协同创新行为进行评估。李小妹、包凤耐定义了高校与其他主体间的协同行为，并以"我们创新团队与关联组织定期开展研讨会以进行信息传递和沟通""我们创新团队与关联组织能够以协同任务为导向进行工作安排"和"我们创新团队与关联组织能够根据协同任务需要及时做出正确决策"3个题项对协同行为进行测量。

基于对前人研究的归纳及对校企协同与一般性组织协同差异的分析，本研究将从校企协同创新的特征与资源拼凑的过程相结合的角度来界定协同行为：校企协同行为是指参与协同的高校和企业为实现协同创新的目标，在创业政策的驱动下，通过深度协作，促进各类资源的跨组织获取和拼凑，满足大学生创业能力提升所需的教育资源等一系列活动。

2.1.2 资源拼凑

法国人类学家列维·斯特劳斯是最早开始研究资源拼凑的学者之一，其在专著《野性的思维》中提出，资源拼凑是一种建构主义的思维方式，认为人们在处理问题时要不断重新发现事物的内在属性，充分挖掘其内在价值。有学者尝试用拼凑的方式帮助创业者解决资源约束的困境，认为在创业领域中资源拼凑是整合利用手头现有资源解决新问题或开发新机会的过程，拼凑开始进入创业研究领域，并引起了广泛关注。

有学者通过分析29家创业企业的案例，界定了资源拼凑的概念和细化维度，认为与资源基础理论不同，资源拼凑不是一种资源依赖，而是从建构主义的角度重新识别、整合企业资源，开发出现有资源的新用途，从而有效面对新机会或新挑战。该学者对资源拼凑有更加具体的描述：立即行动、现有资源，以及为新目的整合资源，这也是目前学术界普遍认可的资源拼凑，进而形成了3个核心概念，即凑合利用、突破资源约束和即兴创作。凑合利用是指利用手头资源来实现新的目的和开发新的机会，重在对资源的创新性利用；突破资源约束是指创业者拒不向资源、环境或者制度约束屈服，积极主动地突破资源传统利用方式的束缚，利用手头资源来实现创业目标，因而凸显了创业者在资源拼凑过程中表现出来的创新意识，以及创造创业价值所必需的可持续创业能力；即兴创作与前两个概念紧密相关，是指创业者在整合利用手头资源、突破资源约束的过程中即兴发挥，创造性地使决策和行动同时进行。

资源拼凑研究的成果丰富，研究内容包括资源拼凑的起源、概念、维度、过程、影响因素、作用机制、情景因素和影响结果等方面，也逐渐拓展到其他领域，如知识管理、社会创业、创业学习、双元创新、商业模式创新等。例如，方勇等学者认为资源拼凑本质上是看待和收集资源的特别方式，强调的是创造性地利用手头资源突破资源约束、进行价值创造的资源利用方式。在可利用资源有限的情况下，依据不同主体的资源需求，集合所有资源，用一种资源替换组合中的另一种资源，开发资源的新用途、新功能，突破资源的约束。刘振等学者从社会创业研究视野中，论述资源拼凑理论背景的 3 个独特属性：手头资源、将就使用、资源重构。黄艳等学者整理归纳了资源拼凑的起源、研究脉络与理论框架，并建议中国学者要加强中国情境下的资源拼凑研究。根据校企协同创新过程和特征来看，资源是创新主体为实现自身发展和协同创新目标所投入的要素总和。在本研究中，资源存在于创新主体（企业和高校）内部，包括教学资源、实践资源、文化资源、社会资源。虽然创新主体之外的政策、平台等常被部分研究者称为资源，但是它们并不为创新主体所拥有，却能被创新主体所利用，通过与自身资源的结合发挥作用。因此，本研究将存在于创新主体外部的政策和平台作为在协同过程中调节校企之间的行为的情境因素进行分析。

资源拼凑维度的研究与组织学习理论有着紧密的联系。1991年美国管理学教授詹姆斯·马奇提出组织学习理论，内容主要包括探索型学习与利用型学习。他认为组织可以利用探索型学习与利用型学习对组织的内外资源、环境、机会进行整体性的了解。探索型学习指对超越企业范围外新能力和知识的学习；利用型学习指扩展、发现并利用企业内部知识的学习。有学者将创业情境下的组织学习分为探索型创业学习与应用型创业学习 2 个部分。方勇等学者将组织学习理论引入资源拼凑的研究领域，将资源拼凑的维度划分为利用式资源拼凑和探索式资源拼凑。其中，利用式资源拼凑是指高校在已有的行为和认知模式下，对身边资源加以利用；探索式资源拼凑强调重新探索现有资源的新特征和新用途。

综上所述，资源拼凑是连接机会发现与资源开发的纽带，体现了对资源用途的选择及将资源用途视为发现、创造和开发机会的方法途径。因此，本研究将资源拼凑界定为：校企双方基于协同创新的目标，在协同行为中创造性地利用手头资源突破资源约束、进行价值创造的资源利用方式。资源拼凑是在校企协同创新过程中实现的，校企双方所具有的各类资源需要在协同过程中流动、共享和融合。资源拼凑的过程就是协同主体深度协同互动的过程，要在协同行为的作用下提升资源的整体效用。也就是说，资源拼凑的过程就是协同行为的作用过程，资源拼凑本身是通过协同行为来实现的，协同行为是否有效直接决定了资源能否有效整合。

2.1.3 大学生创业能力

有学者指出中国高校创新创业教育存在"三多三少"现象，即形式多、内容少，投入多、收效少，尝试多、推进少。有学者指出中国社会各界对高校创新创业教育怀疑和失望的原因有二，一是中国各界对创新创业教育理念缺乏足够而清醒的认识，二是中国没有形成明确的、本土化的创新创业教育目标。本研究便是在这样的背景下产生的。本研究将从创新创业教育的概念、内涵、目标、受众、教学内容、教学方法和教育评估等方面做文献分析，并提出用创业能力来评估校企协同对高校创新创业教育的影响效果。

创业能力是一个非常复杂的概念，众多学者在这一领域开展了研究，存在着各种差异化的理解。有学者认为创业能力是创业者所拥有的关键技能和隐性知识，其中包含个性、技能和知识。黄美娇和谢雅萍将创业能力归纳为创业者在追求创业成功时所需要的特定能力，是包括知识、技能、态度等要素在内的一个集合。郭润萍和蔡莉则认为创业能力是指新企业有效管理内外部资源，从而感知、选择、塑造和实现机会的能力。

根据已有的、比较有影响力的文献综述，关于创业能力的构成具有代表性的研究成果有以下几类。有学者将其分为形成创业文化的技能（包括人际沟通和团队工作技能、领导技能、帮助督导和矛盾管理技能、团队工作和人员管理技能）和管理或技术才能（包括行政管理、法律税收、市场营销、生产运作、财务、技术管理技能）。美国百森商学院的学者将其分为创新创意能力（包括具有新构想、新创意）、机会能力（包括识别机会、问题确认与解决）、组建团队的能力、营销能力（包括辨认市场、进入市场、维持和增加市场等）、创业融资能力（包括决定现金需求、辨认资金来源及种类等）、领导力（包括感召团队、企业策划、政商关系等）、管理成长中企业的能力（包括建立企业愿景、招募人才、组织与监控实施、处理危机等）和商业才智（包括价格功能、利润及风险辨识）。

关于大学生创业能力的划分，较早提出并得到广泛认同的说法是大学生创业能力是一种高层次的综合能力，可以分为专业能力、方法能力、社会能力3个方面。此后，大学生创业能力划分受到后续许多研究者的借鉴和采用，在此基础上提出大学生创业能力包括专业知识运用能力、创新能力、社会能力、经营管理能力、理财能力、人际交往能力、适应变化能力、承受挫折能力等。

创业能力是促成创业成功的一系列知识、技能、态度的集合，它并非天生的，是通过后天的培养获得的。本研究将创业能力界定为创业者在追求创业成功时所需要的特定能力，包括机会能力、承诺能力、构想能力、融资能力和运营能力。

2.1.4 创业政策

经济合作与发展组织于1982年提出了创业政策这一概念，它不仅与科学技术政策息息相关，而且与经济政策密不可分，发展创业政策的目的就是把科技、经济、社会、产业、能源、教育和人力资源充分整合起来。创业政策是政府实施国家战略、激励创新主体行为、优化创新资源的配置，进而推动创新发展的重要工具，同时也是调节市场失灵与系统失灵的有效手段。

中国创业政策的早期实践多以线性模型做指导，以配置公共资源推动科学与技术的进步为手段，调节因市场失灵而产生的研发资源不足的问题，政策目标与马克思提出的科学技术进步推动生产力发展的思想是相配合的。中国创业政策的中后期实践多以交互模型和系统模型做指导，使政策工具作用于创新链的各个环节及创新系统的各主体，并促进它们之间的联系，整体优化创新和技术扩散过程将对经济产生的贡献，同时调节系统失灵产生的相关问题。创业政策的实践更倾向于使用演化模型（创新生态系统）与创新环境模型的理论作为指导，更多地关注创新活动的自组织，即人与人之间的联结、主体与主体间的合作及创新生态环境的营造，同时积极应用于人类面临的重大挑战，这与中国特色社会主义创新发展理念相适应。

中国的创业政策主要有自主创新和创新驱动发展两大核心战略。自主创新是指基于拥有自主知识产权的技术实现新产品价值的过程，强调自主是基于中国当时过度依赖技术引进的现实情况所选择的必然道路。创新驱动发展是指唯有通过创新，即提高要素生产率或重组要素，才能解决经济发展中出现的生产要素报酬递减和资源瓶颈的问题。创新驱动发展的内涵包括突破资源限制、激活并整合现有的创新资源、升级传统的"三驾马车"等内容。

随着学界对创新过程认识的加深、对创新实践的不断反思，以及不同时期所面临的现实问题，人们对创业政策提出的要求也在发生变化。学界早期认为，创业政策是旨在推动科学技术在产业层面的应用从而产生经济价值的政策。有学者认为，创业政策是对科技和产业政策的协调与整合。另有学者认为，创业政策是旨在鼓励和推动新技术、新设计等在产业层面的应用，并把发明成果转化成经济效益的政策。近年来，一些学者倾向于认为创业政策是政府为促进创新活动和规范创新主体而实施的政策和措施的总和，它是一个综合性概念，其核心是技术创业政策，而技术创业政策的核心是自主创业政策。而另有一些学者则基于对哪些行为可以被纳入创新活动范畴的不同理解，对创业政策也相应地产生了不同的界定。有学者认为狭义的创业政策仅考虑发明创造，而广义的创业政策则使用整合的视角，将包括促进新知识的创造、应用和扩散在内的推动加速整个创新周期的公共政策都视为创业政策。而另有学者将创新界定为对公司的创新过程产生影响的一切公共措施所形成的整体。杨世明等学者梳理了1978年以来，中国产学研协同创新国家层面的相关政策，系统分析中国产学研协同创新政府职能和市场关系的特征与变迁规律，发现国家的创业政策（包括政策法规、舆论引导）可以有效地对创新活动进行引导、监督和管理。

本研究通过梳理创业政策文献，发现学者们对其概念、内涵、类型和评价存在不同看法。本研究认同陈劲等学者的观点，结合研究情境将创业政策界定为：政府为促进创新活动和规范创业主体而实施的政策和措施的总和。该界定以是否能够促进国家的自主创新与创新驱动发展为衡量依据。

2.1.5 校园创新氛围

研究发现，影响创业能力的因素有很多，下面主要从个体层面（创业者个人的心理及行为变量、人口变量、人力资本变量）、组织层面、外部社会环境层面等方面进行梳理。

（1）个体层面。①有学者认为成就动机、内控、风险承担等心理因素应该是作为创业能力的先决条件，而不是作为创业能力的组成元素，同时指出个人目标、愿望和动机都会影响和塑造创业能力。另有学者通过对229名担任首席执行官的创业者六年的纵向数据进行实证研究发现，创业者的特性（毅力和激情）将会提高创业者的资源获取能力。与此同时，研究者发现创业者的内在动机、目标、自信等心理特征因素会影响其创业能力深层次部分的塑造。②常见的人口变量（涉及性别、年龄、出生地、婚否、家庭背景等客观变量）在本研究中是控制变量，所以不是探讨的重点。③人力资本变量对创业能力的影响非常显著，有关这方面的研究较多，主要包括经验、受教育与培训、社会资本等变量。首先，创业者的创业经验在其创业能力形成过程中至关重要。创业者通过创业提升了创业能力与创业思维，更容易抓住好的创业机会，能够更有效地开展创业活动。创业者的工作年限对概念解析能力、团队建设能力有积极的影响。其次，受教育水平会影响创业能力。学者常常用学历、文化程度和所学专业来表征创业受教育水平的情况，实证研究发现，具有更高教育水平的创业者的创业能力会更高。最后，创业者的创业网络和社会关系是获取创业能力的有效途径。社会网络为创业者提供了获取有效信息的途径，使得创业者在资源匮乏的环境下识别出有价值的商业机会；创业者所需的能力既可以从创业经历中获得，也可以从与行业合作伙伴及股权投资者等不同人员的接触来获得。

（2）组织层面。从组织层面探讨对创业能力的影响主要是强调其对创业者创业能力需求的差异性。创业者所处的所有制类型和产业类型的不同，将导致创业者获取资源、配置资源的方式不同，对创业能力的影响也不同。

（3）外部社会环境层面。研究发现，外部社会环境通过影响创业者特性、技能和知识等方面，对创业能力的形成发挥重要的作用。相关研究在外部社会环境对个人创业能力的形成的影响方面获得共识，包括文化环境、商业环境、政策环境。赵兴庐和张建琦发现，组织学习氛围越浓厚，越能激发员工的创新行动。大学生对创业能力的需求不是一成不变的；随着创业活动的不断发展，不同类型的商业模式、不同的创业阶段对创业能力的要求也是不一样的。外部的环境尤其是校园创新氛围对个人创业能力的形成有重要影响。有学者通过对600名在校大学生和毕业2年以内的大学生进行问卷调查，对所得数据采用因子分析法，最终得出结论：创业文化明显促进了大学生创业能力的提升。结合本研究的情境，可认为校企协同过程中，创业环境对创业能力的影响最显著，因此本研究选取校园创新氛围作为影响创业能力的因素。

研究发现，外部社会环境通过影响创业者特性、技能和知识等方面对创业能力的形成发挥重要的作用。创新氛围是体现个人或群体在追求财富，创造价值，促进生产力发展，满足社会、群体及个人需求过程中所形成的思想观念、价值体系和意识的文化范畴，可总结为开创事业的勇气、心理、价值观念与鼓励创业的社会环境的总和。创业氛围的核心是价值观念。良好的创新氛围是培养创新创业型人才的优良环境，也是创业教育与创业活动适宜的土壤和条件。它可以通过价值取向导向、行为目标导向、规章制度导向，引导潜在创业者树立正确的价值观、创业观，引导他们树立创业的意识、培养创业的兴趣，使其产生创业的需求和动机，提升创业能力。从某种意义上说，大学生创业能力培育，乃至整个创业活动的背后是创新氛围在支撑。

校园文化氛围在当今高等教育中发挥重要的作用，能够时刻影响校内所有成员的价值养成、人格品质、精神面貌、行为方式。校园创业文化有助于引导高校学生创业者树立正确的价值观，培养良好的创业精神，激发浓郁的创业兴趣，产生良好的创业动机，从而有效提升整体创业能力。

因此，本研究将校园创新氛围界定为：学校能够影响学校所有成员的行为方式及价值观念的一切精神文化和物质文化形态的总和。良好的校园创新氛围能激发大学生的创业动机，提高大学生的创业能力，同时优化大学生的创业环境。

2.2 研究现状

2.2.1 关于校企协同创新的研究

赫尔曼·哈肯认为，协同是大量子系统组成的系统在一定条件下通过子系统间的协同作用，在宏观上呈有序状态，形成具有一定功能的自组织结构。随后协同这一概念被广泛应用于管理学中组织理论的研究上。在知识经济时代的大背景下，创新是企业增强竞争优势、实现持续发展的必经之路。特别是在竞争白热化程度、环境不确定程度、技术复杂程度日益增加的时代背景下，单个企业越来越难以仅依赖自身资源获得竞争优势，从外部寻求资源来支撑创新活动逐渐成为企业发展的必经之路，在这种背景下，协同创新就变得尤为可贵。

李涛和李斌基于动力学演化视角构建校企协同行为 SD 模型。运用 Vensim PLE 软件对系统模型进行仿真后得到的数据表明，创新资本投入、知识要素积累、人力要素培养、科技成果转化等直接影响创新效率的提升。雷怀英等基于知识创新视角构建了可转移的三螺旋博弈收益关系模型，以博弈分析中核心、夏普利值和核仁等作为度量指标，得出了大学是引导和创造协同作用的主要力量的结论。

梳理上述研究后发现，经过多年来的理论和实践探索，学者们主要研究校企协同创新的模式、机制、人才培养模式、协同创新平台、协同创新的驱动要素等内容。学者们就校企协同创新达成了共识，本研究也是基于此共识开展调研：校企协同创新主要是指高校和企业为实现共同的创新目标，通过各主体间非线性的相互作用，促进创新资源的整合，突破创新主

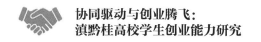

体间的壁垒，以达到创新实现的过程。其中，与本文相关的研究包括对校企协同创新的维度划分和影响因素的研究。

2.2.1.1 校企协同维度划分的研究

关于校企协同维度划分的问题，不同的学者给出了不同的答案。有研究从知识协同的角度出发，将协同过程划分为准备、运行、终止3个阶段。有学者从知识流动角度出发，把协同过程划分为知识共享阶段、知识创造阶段和知识优势形成阶段。还有研究基于流程视角，将协同过程分为协同创新联盟建立、协同创新运行和运行过程风险监控3个阶段。上述研究的视角不同，得到的结果不同。本研究对校企协同的维度划分是从协同行为的层面出发，因此着重整理这个方向的划分文献。

通过全面梳理高校现有的各类影响创业能力发展的资源，分析大学生创业能力发展过程中可能涉及的资源需求，结合研究对象的实际资源情况，本研究认为在校企协同创新过程中，高校主要识别和获取能够促进大学生创业能力提升的有教学资源、实践资源、政策资源、社会资源四类资源。

2.2.1.2 校企协同影响因素研究

（1）组织的战略驱动可获取所需资源与降低交易成本。关于组织参与协同行为的原因，学者们基于各自的视角，从资源依赖理论、组织理论、交易成本理论和博弈论等不同视角给出了答案。学者们的研究结论大体归类为：通过协同过程获得关键或互补的资源，以及降低交易成本。

有研究认为，当组织有机会获得能够进入某一领域的关键资源时，将积极与能够为其提供资源的其他组织协作。另有学者认为，当协同行为的产生是因为节约交易成本，并且搜寻、参与合作的成本低于内部开发的成本时，企业会有参与协同的动力。还有学者从资源竞争的角度认为，企业参与协同可能影响竞争对手，从而获得竞争优势，这也是企业参与协同的动力之一。

（2）关系要素可分为信任、相容性和声誉。组织和其他组织互动中的相似性和信任的积累对于未来协同的产生有重要作用。研究发现，潜在合作伙伴之间如有较高的信任程度，能够降低协同产生与保持的不确定性与相关的成本，让协同更容易产生。

社会学家注意到认知的相似性通常和信任相关。组织理论学者展示了相似性对于组织协同的形成具有重要意义，并且他们专注于研究哪种类型的相似性与协同关系的建立有关。这些研究表明，地位、文化、地理及市场的相似性对组织的联结有很好的预测性，这些相似性增加了组织间互动的可能性，同时降低了冲突和误解的风险；研究还发现合资企业的持续时间随着文化距离的增加而减少，这证实了相似的文化规范和鼓励协同合作的氛围并不会受到地理距离的影响而发生明显的变化。

有研究表明，在多产业战略联盟关系中，有了前期信任的存在，两个潜在合作方的战略依赖是他们随后继续进行合作的重要条件，并证明了两个企业的战略依赖是对未来联盟形成的重要预测指标。

（3）政策和文化。一些研究者注意到 20 世纪 70 ~ 80 年代那些改变组织制度进而使得组织间互动和联盟加深的实例。通过一系列的法律安排和政府规章，英、美等国家建立了新的规则来鼓励企业间的协同。更多研究集中在讨论不同的文化体系可能出现对组织协同不同的影响方面。20 世纪 80 年代曾出现一个观点，该观点认为日本产业中那种更高级的组织间协同行为可以部分地使用日本的社会文化特性来解释，如日本文化中那种对长期承诺的信赖和更强的工作责任感。杨世明等学者梳理了 1978 年以来的我国产学研协同创新国家层面的相关政策，发现产学研协同创新可以显著提高国家整体创新实力、区域创新模式和企业创新绩效。覃庆华的研究表明，学校校企合作行为、企业校企合作行为对创新型人才的创造力有显著影响。

本研究通过整理文献发现，影响校企协同行为的因素很多，而且同一因素在不同的研究角度、目标和情境中影响程度都可能不同。但是国家的政策对该国校企间的协同创新活动的影响得到了普遍的认可和证明。因此，结合研究对象和情境，本研究认为创业政策对校企协同的调节效应最显著。

2.2.2　关于创业能力的研究

2.2.2.1　创业能力发展机制的研究

大学生创业能力的研究和实践源于创业教育的深化与发展。美国创业教育思想可追溯到 1876 年。美国的创新创业发展历程是一个多元、动态的过程，涉及教育、政策、文化等多个方面的相互作用和影响，形成了创业能力发展机制，强化了美国在科技创新和创业活动方面的领先地位。

专门针对创业能力的研究始于 20 世纪 90 年代初期。美国作为世界第一大经济体，经济持续繁荣的基础是创业，创业教育活动也处于世界领先地位。英国大力支持创新创业教育，伦敦被认为是欧洲最具创业精神的城市之一，吸引了大量初创企业和投资者。新加坡是亚太地区发展创新经济较早的国家，也是亚太地区在实践创业方面较为成功并走在前列的国家。印度作为一个快速崛起的经济体，其创新创业发展呈现出稳步扩张的趋势，在科技领域中的努力和创新成就备受瞩目。日本的创新创业教育研究始于 20 世纪末，虽然发展时间相对较短，但是由于政策的大力扶持，加之企业的密切配合，创新创业教育发展迅速，目前已经基本形成了符合日本国情的创新创业发展机制。本研究对创业教育发展领先的国家的创业能力发展机制和现状进行整理，如表 2.1 所示。

表 2.1　一些国家的创业能力发展机制和现状

国家	发展机制	要点
美国	政府资源在创业能力培养机制中发挥主导作用	1.坚持施政导向；2.完善法律法规；3.整合各类资金资源；4.强化教育培训资源
	高校资源在创业能力发展机制中发挥主体作用	1.创业教育课程资源；2.创业教育项目资源；3.系列教育活动资源；4.创业教育机构资源
	其他社会网络资源在创业能力培养机制中发挥推动力	1.资金资源的支持；2.实践实训资源的支持
英国	制定创新战略，调整政府职能	政府确定新工业政策，加强高层次企业创新的支持
	减免研发税收，提供贷款担保	支持企业创新，针对各企业的研发费用可以享受税收优惠
	资助合作项目，推动校企合作	政府与学校、机构、企业合作，强化知识转移工作，促进高科技企业的诞生
	支持高校创业，促进技术转移	通过基金形式支持大学生技术创新，重点推动高校的科技成果向经济社会一线转移
新加坡	引导中小企业创新	新增功能推动创新能力，加强对创业者的保护和人力资源的开发
	加强创新资金支持	加强对风险投资、技术转移和创新创业的资金支持，新增经济发展局
印度	创业活动资源的自主性	调动了教师和学校的创业教育自主性，促进创新的内生性
	创业师资资源的多元性	高校创业类课程由本校和访问教授同时承担
	创业课程资源的家族性	经济具有家族企业特点，创业教育具有极强的针对性
	创业能力培育模式的针对性	设立师徒制模式和导师制模式，将技术教育和学历教育等有机结合
日本	创业素质教育是创业能力培养的基础	1.日本高校创业教育课程的设置有依托专业、产学结合和结合地域特色3种情况；2.创业教育的师资力量雄厚，外聘教师的组成比较合理
	企业家精神的培育是创业能力培养的核心	1.努力营造积极向上的创业氛围；2.重视家庭教育和过程教育；3.注重实践能力的培育
	良好的创业外部环境是创业能力培养的保障	1.派遣创业家和风险企业经营者作为外聘教师；2.向在校生介绍实习接收企业

　　通过对比、归纳后发现，政府、产业、大学三方合作的模式或许是高校开展创业教育的关键途径。本研究认为，盘活校企间能够促进大学生创业能力提升的四类主要资源，激活"人、财、物、场"的功能和结构，实现资源价值最大化，是促进国家创业创新人才培养的有效途径。值得我们学习的经验有以下几点。

　　（1）整合多方资源，形成培养合力。不少国家的创业活动得到了包括政府在内的社会各界的支持，形成良好的创业环境。新公司的易于申办、信用制度的健全等优势，使得一些国家创办新公司极为便利，不仅门槛低，而且申办快捷。此外，网络经济平台、信用制度等多社会网络资源的完善，不仅有利于创业人才的实践，也有利于创业经济的发展与成功。而在我国，创业人才培养曾经仅仅是高校的义务，如今各级政府也开始重视并参与进来，但社会各界的资源还没能有效整合，有些地方还停留在喊口号、讲政绩的局面。实际上创业人才培养不是仅靠高校就能够独立完成的，除了需要政府层面的引导、鼓励及政策方面的帮助、扶持，还需要企业的资金支持和经验分享。只有真正整合多方资源，形成全社会共同关心支持的合力，才能促进国家创业人才更好、更快发展。

（2）响应国家号召，引导创业方向。英国创业人才培养模式的特性之一就是与经济的密切合作。印度的创业人才培养重在与其国家支柱产业——软件等相关产业相匹配，这样的培养模式既促进了个人创业的成功，也成了社会经济发展的强大动力。个人的创业需要与时代发展、社会进步、国家经济建设的需要相适应，创业成功的企业往往能够将自身的发展壮大放在历史、社会的大背景中，顺应时代前进的潮流，符合地区乃至国家宏观战略的需要。这么做一方面有助于企业的上升，另一方面也对大环境的改善起到推动作用，从而更有利于企业自身的成长，形成良性循环。

（3）深化教学改革，完善课程体系。在高校开展创业教育的过程中，美国等创业教育起步较早的国家已经具备了较成熟、系统的教材和课程体系，有一些国家甚至在多年的创业人才培养过程中，已经将创业意识养成、创业知识教学、创业能力提升等方面的内容融入整个高校的教育教学环节和各个专业的学习中。深化教学改革、完善课程体系一方面需要创业教育理论的探索和实践中的创新，另一方面更需要整个高校教学改革的深化。中国各省级教育主管部门大多正在着手编写创新创业人才培养教材，但尚无统一、科学的成果发布，众多高校甚至仍没有明确的创新创业教育目的和教学内容。整体来说，中国创业方面的学科基础薄弱，缺乏系统的创新创业人才培养课程，现有的创业课程同其他课程之间的逻辑关系及课程内部的逻辑关系也都有待完善。

（4）丰富创业实践，构建实践体系。高校创业教育成功的一个重要依托就是丰富的创业实践活动，中国的创业人才培养体系才刚刚起步，还停留在理论、理念探索、经验总结和引进方面。创业活动必须在不断地探索和实践中得到逐步规范和完善，通过大量持续的创业实践，政府、社会资本等可以及时全面地发现并解决问题，与创业相关的法律法规、保护措施、资金援助政策也能够逐渐完善成熟，反过来又会促进创业活动的开展，形成良性循环。因此，要建立符合国情的创业扶持体系，仅仅埋头于研究理论和国外经验是远远不够的，归根结底要靠一代代创业者持续不断的创业实践。一方面要加强创业实践基地建设，推动高校与企业、事业单位进行合作，共建教育实践基地，为创业构筑更多更好的实践平台；另一方面要不断探索新的创业实践途径，引导学生把专业知识转化为生产力，将知识应用于实践中，更大限度地发挥专长，为原创技术的应用和高新技术企业的初步成型奠定坚实基础。

（5）整合人才资源，强化师资队伍。大学生创业能力培育的成功经验告诉我们，要达到高等教育中创业型人才培养的目标，必须构建一个适宜的创业教育专家体系。创业师资队伍建设的成功经验表明，专家一般应包括经济管理类专家、政府经济部门专家、成功的创业企业家、孵化器管理专家、创业投资专家、工程技术专家六大类。为此，一方面需要培养人才，分批选拔部分教师"走出去"，到创业教育发展走在前列的国家和地区进行系统培训，或者到创业企业挂职学习，打造较稳定的教师队伍；另一方面是借用，通过与有关高校、创业企业、地方政府合作，将有关师资引进来，如聘请创业教育专家、产业界专家、企业家作为学校的名誉教授或特聘教师，几年更新一批。

（6）注重培养结果，构建评价机制。随着创业教育愈加深入发展，相应的评价机制就日益重要。20世纪90年代初，美国的《商业周刊》《创业者》《成功》等杂志，就先后对大学生创业能力培养和创业教育项目进行评估，这些评估方法或体系的运行，有效地增强了高校间在培育学生创业能力方面的竞争意识，促进了创业教育的快速发展。只有学生在接受创业教育后，增加了社会财富，缓解了社会就业压力，才能说明人才培养和创业教育是有成效的。因此，高校必须尽快制订高校创业教育评价标准体系，并将其纳入高校教学评价之中，作为衡量高校办学水平的依据之一，以评促建，促进创业教育的实施。

（7）区分人才层次，结合专业培养。借鉴一些高校的成功经验，创业型人才的培养应当是多种层次、多种类型的。然而，当前很多高校的创业教育只关注少数创业者的骄人业绩，缺少对大多数学生创新创业的关注和支持。因此，大学生创业能力培育应该分层次，将普及型创业教育与专业型创业教育相结合，将全员化创业素质养成与精英化创业能力塑造相结合。注重全体学生创业精神、意识、知识、技能培养；着力创业精英学生高层次创业能力、专业型创业素养的优培；立足于不同专业的学生的知识背景、思维方式、处事风格等方面进行差异化的教育培养。特别是要建立以创新创业创造为导向的学科专业教育体系，指导大学生发挥专业优势；以科技创业为导向，创办让专业人才学有所用的知识经济型企业。不论是分层次，还是分专业进行创业教育，其根本出发点都是受教育者个人的差异性需求。这种以人为本的教育指导思想是未来创业教育发展的必然趋势。

2.2.2.2 创业能力的影响因素的研究

研究表明，学习的过程就是一个能力形成和发展的过程，大多数创业者的学习活动（如反思、观察和实践）与战略能力、组织能力、技术能力相关，通过教育、培训或经验学习可以培养和提升创业者的创业能力。有学者从创业者成长发展角度出发开展研究，重点关注其能力素质的归类与整合。有学者提出，创业能力可划分为2个层次和6个维度，辅以企业资源计划沙盘模拟等工具对其结构进行优化。另有学者提出，创业能力在结构维度上呈多样化，这些能力相互作用、相互融合。还有学者在理论分析与文献综述的基础上，分析了创业环境、创业品质对大学生创业能力的影响。更有学者从个体特质角度出发开展研究，将个人的家庭环境、地域因素、遗传基因、教育背景等作为影响创业能力的重要因素，如有研究提出，创业能力的不同是由个体遗传基因差异所决定的，与工作生活环境关系不大。也有研究得出，创业成功与否能被基因差异解释 60% 左右，并且基因差异通常与机会识别差异相关的结论。

2.2.2.3 知识资源对创业能力作用的研究

对于大学生来说，知识是无形的资源，是组织可持续竞争优势的主要来源，是能力形成和发展的基础，是个体在内化、吸收知识的基础上，逐步形成有效处理各种事情的能力。这种能力是以外显的行为方式表现出来。有学者提出，如果没有知识，就没有能力发现和开发新的机会，因此，对知识的获取与整合深刻影响着个体的创业能力。郭润萍和蔡莉通过实证验证了知识的获取对个体和组织的机会识别与机会利用能力影响较强，以及知识整合对个体机会感知、机会塑造、机会选择、机会把握能力有较强的影响。

基于能力是可习得的视角，本研究从创业学习的源头（经验学习、社会网络学习、教育培训）来分析知识资源对个体创业能力的影响。一是经验学习资源。不少学者认为创业者可通过对先前经验的学习，转化为创业所需的知识，进而形成创业能力。二是社会网络学习资源。创业者通过在社会网络中学习，获得信息、资源和创业支持，进而形成创业能力，具体表现为创业者在不同的社会网络关系下接受他人的创业指导，与他人进行经验交流、互动等来开展创业学习，获得创业能力。三是教育培训资源。正式的创业教育和培训对于创业者提升承担风险的能力、团队管理能力和机会识别能力有积极的影响。

创业能力的形成包含着对知识资源的获取与整合等内容，探讨知识资源的获取与整合对创业能力的影响，将有助于本研究探讨校企协同行为对创业能力的作用。

2.2.2.4 创业能力构成要素的研究

从社会现象总结分析角度出发的研究者，将社会中的能力特征列为能力结构的重点考虑因素。有研究认为，机会认知的因素包括创造力、乐观、信息收集、敏感度、社会网络和已有知识，其中，社会网络被认为是机会认知的主要因素。还有研究认为，创业能力结构分为机会能力和运营管理能力。有学者提出，创业能力分为专业、方法、社会等 3 个维度，共计 15 项能力。创业能力的构成要素界定在学术界呈现多种视角，有学者通过对 42 篇文献的详细研究，提出创业能力要素研究共有 4 种视角，即创业者特质视角、机会视角、管理视角与关系视角。

（1）创业者特质视角。创业能力被学者们界定为创业者与生俱来的一种人格特质，包括天赋、技能、智慧、领导力等。创业能力常是隐性的，外界无法真正评估创业者的核心人格特质。但是以人格特质概括创业能力，使得创业能力带有先天性、不可后天培养等含义。创业，尤其是机会型的创业，常带有偶然性与自发性，技术和科技创业还需要创业者知识和经验的不断累积才能完成。因此，以个人特质视角界定创业能力概念虽有一定合理性，但解释范围较窄且内容不够全面。

（2）机会视角。学者们将创业能力界定为创业者或创业组织在不断变化的环境下，识别、评估、利用机会的能力。借助此概念，创业能力被学者们大体分为3种，即机会识别能力、机会评估能力和机会利用能力。其中，机会识别能力是指对机会进行多途径、多渠道识别的能力；机会评估能力是指对机会的价值进行衡量、评定的能力；机会利用能力是指利用机会以使企业获利的能力。目前，以创业机会为核心探究创业能力已成为众多研究界定创业能力概念的重点之一。

（3）管理视角。创业能力被学者界定为创业者或创业组织在管理、运营企业方面的能力。该能力主要分4种，即承诺能力、战略能力、组织能力和构想能力（或概念能力）。其中，承诺能力指与推进业务进展有关的能力；战略能力指与制定、评估和执行公司战略有关的能力；组织能力指与组织内外部人力、物力、财力和技术资源有关的能力；构想能力是指与不同概念结合的综合能力，如企业家的决策能力、吸收和理解复杂信息的能力、承担风险及创新的能力。管理视角下的创业能力因涵盖的内容与管理学研究的关联度较强，加之研究内容完整，是创业能力的重要研究视角之一。

（4）关系视角。创业能力被学者界定为创业者或创业组织在谈判、维持工作网络、与同行业者有效互动，以及发展长期合作关系、促进团队合作等方面的能力。

有学者认为创业能力较早、较成熟且累积使用量最多的量表大多是针对个人创业者的。很多关于个人层面创业能力的研究量表都为修正后的创业者能力题项加上一部分组织能力或动态能力研究的内容。这些研究为本研究的量表提供了大量素材。本研究选取了个体层面的创业能力测量量表，并结合上述研究，编制了本研究的创业能力量表。

本研究通过梳理创业能力的概念、发展机制、影响因素、构成要素等方面的文献，得出政府、企业、高校三方结合的模式是高校提升学生创业能力的关键途径，跨学科的大学生创业研究是一种大趋势；从资源的视角实证研究大学生创业能力发展的文献还较少；关于创业能力构成要素的研究成果很丰富，学者们常用创业能力来测量创新创业教育的效果。因此，本研究依托创业教育理论和资源拼凑理论，通过盘活校企间四类教育资源，利用资源拼凑实现资源价值最大化。这种跨学科的创新创业教育实证研究是能够弥补理论空白的，是有价值的。

2.2.3　关于滇黔桂地区高等学校的研究

对滇黔桂省（区）区域联合发展及协调机制进行研究，有助于促进滇黔桂地区高校少数民族教育事业的快速发展。人才作为区域竞争力的第一资源，是提升区域经济发展、产业转型升级、创新驱动发展和增强区域核心竞争力的重要支撑。因此，必须以适应区域经济发展为根本出发点和落脚点，紧紧围绕产业转型升级、市场发展需求，加大创新创业人才培养力度，为促进滇黔桂地区的经济发展和提高区域竞争力提供有力的人才支撑和科技创新能力。

2.2.3.1　滇黔桂地区区域发展现状

滇黔桂三省区山水相连、文化相通、经济相融，区位条件优越，生态环境优良，旅游资源富集，文化底蕴深厚，民族团结和睦，经济发展后劲十足。在经济全球化、区域一体化以及中央统筹区域协调发展战略的时代背景下，推动区域经济发展已经成为滇黔桂地区的必然趋势。滇黔桂地区的地理特征、区域文化趋同，资源条件一致，从区域经济角度看，该区域应是资源互补、产业互联、市场互通、经济互惠的经济区。但是由于各省市界线的划分、经济发展水平和资源开发的差异，尤其是各自为政、人才支撑不足等原因，严重影响了资源的优化组合和区域整体效益的最大化，同时影响生态环境的根本好转。

滇黔桂地区指中国云南、贵州、广西三省（区）。

（1）云南省：简称"云"或"滇"，省会昆明市。地处中国西南边陲，位于东经97°31′～106°11′，北纬21°8′～29°15′之间，总面积约39.41万平方千米。东邻贵州省与广西壮族自治区，南部和老挝、越南毗邻，西与缅甸接壤，北接四川省，国土总面积39.41万平方千米。云南省有8个州（市）的25个边境县分别与缅甸、老挝和越南交界，是全国边境线最长的省份之一。

云南省属低纬度内陆地区，北回归线横贯南部，地势呈西北高、东南低，自北向南呈阶梯状逐级下降，为山地高原地形，山地面积占全省国土总面积的88.6%，地跨长江、珠江、红河、澜沧江、怒江、大盈江六大水系。云南省气候基本属于亚热带高原季风气候，滇西北属寒带型气候。云南省动植物种类数为全国之冠，素有"动植物王国"之称。云南省矿产资源极为丰富，被誉为"有色金属王国"，历史文化悠久，自然风光绚丽，是人类文明重要发祥地之一。

截至2023年底，云南省下辖16个地级行政区，其中8个地级市8个自治州。云南是多民族居住的地区，共有26个民族。云南省常住人口4673万人，2020年第七次全国人口普查数据显示，全省总人口中，汉族约占全省总人口的66.88%，少数民族约占33.12%。

云南省是中国通往东南亚、南亚的窗口和门户，地处中国与东南亚、南亚三大区域的交汇处，是国家自由贸易试验区，同时也是长江经济带的重要组成部分。云南省的经济以农业和旅游业为主，农业主要以粮食、蔬菜、水果、茶叶等为主导产业，旅游业则是近年来发展迅速的产业之一，是全国热门旅游目的地和文旅大省。2023年，云南省实现地区生产总值30021.12亿元，比上年增长4.4%。其中，第一产业增加值4206.63亿元，增长4.2%；第二产业增加值10256.34亿元，增长2.4%；第三产业增加值15558.15亿元，增长5.7%。三次产业结构为14.0∶34.2∶51.8，全省人均地区生产总值为64107元，增长4.6%。

（2）贵州省：简称"黔"或"贵"，省会贵阳市。位于中国西南地区，地处东经103°36′～109°35′，北纬24°37′～29°13′之间，东毗湖南、南邻广西、西连云南、北接四川和重庆，总面积17.62万平方千米。

截至2023年，贵州省下辖6个地级市3个自治州88个县级政区。2023年末，贵州省常住人口为3865万人，世居民族有18个。根据2020年贵州省第七次全国人口普查公报，全省常住人口中，汉族人口约为2451万人，占63.56%；各少数民族人口约为1405万人，占

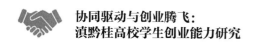
36.44%。

近年来，贵州省积极推动经济发展，实施"大扶贫、大数据、大生态"三大战略行动。大数据产业已成为贵州新的经济增长点，贵州已成为全球知名的数据中心。此外，贵州省在旅游业、农业、制造业等领域也取得了显著成绩。2023年，贵州全省地区生产总值20913.25亿元，按不变价格计算，比上年增长4.9%。其中，第一产业增加值2894.28亿元，增长3.9%；第二产业增加值7311.44亿元，增长4.4%；第三产业增加值10707.53亿元，增长5.5%；全省人均地区生产总值54172元，增长4.7%。

（3）广西壮族自治区：简称"桂"，是中国五个少数民族自治区之一，首府南宁市，位于北纬20° 54 ' ～26° 23 '，东经104° 26 ' ～112° 3 '之间。地处中国地势第二台阶中的云贵高原东南边缘、第三台阶中的两广丘陵西部；主要有山地、丘陵、台地、平原等类型地貌，中部和南部多丘陵平地，呈盆地状，有"广西盆地"之称；总面积23.76万平方千米。

元至正二十三年（1363年）设置广西行中书省，为广西设省之始。民国时期，广西沿袭清制设省。1950年2月，广西省人民政府在南宁成立，1958年3月，广西省改为"广西僮族自治区"，1965年10月，"广西僮族自治区"改名为"广西壮族自治区"。广西是个多民族聚居的自治区，少数民族人口数量居全国第一位，占全区常住人口的37.60%，其中壮族占全区常住人口的31.39%。

截至2023年末，广西壮族自治区行政区划为14个设区市10个县级市60个县（含12个民族自治县），常住人口5027万人，有壮、汉、瑶、苗、侗、仫佬、毛南、回、京、彝、水、仡佬等12个世居民族。

八桂文化是广西民族文化的主要内容，是岭南文化的组成部分。广西是中国唯一临海的少数民族自治区，是中国对外开放、走向东盟、走向世界的重要前沿门户，是大西南最便捷的出海口。广西背靠大西南，毗邻粤港澳，面向东南亚，是海上丝绸之路的重要枢纽。从机遇看，西部陆海新通道、北部湾城市群、珠江—西江经济带等国家战略深入实施，在西部大开发战略格局和国家对外开放格局中具有独特地位。

2023年，广西壮族自治区实现全区生产总值27202.39亿元，按不变价格计算，比上年增长4.1%。分产业看，第一产业增加值4468.18亿元，比上年增长4.7%；第二产业增加值8924.13亿元，增长3.2%；第三产业增加值13810.08亿元，增长4.4%。全省人均地区生产总值54005元，比上年增长4.2%。

2.2.3.2 滇黔桂地区高等学校发展现状

滇黔桂地区高度重视高等教育的发展。截至2023年6月15日，滇黔桂地区共有普通高等学校250所，其中，本科院校99所、高职（专科）院校151所。截至2022年底，滇黔桂地区普通高等教育在校学生总规模达391.88万人。高等教育平均毛入学率51.94%。

（1）云南省高等学校发展情况。

截至 2023 年 6 月 15 日，云南省共有普通高等学校 88 所，其中本科院校 32 所、高职（专科）院校 56 所，见表 2.2、表 2.3。截至 2022 年底，云南省普通高等教育在学总规模 161.66 万人，其中，普通本科院校校均规模 18397 人、高职（专科）学校校均规模 10232 人。高等教育毛入学率 55.61%。

表 2.2 云南省普通本科院校（32 所）

序号	学校名称	所在地	办学层次	备注
1	云南大学	昆明市	本科	
2	昆明理工大学	昆明市	本科	
3	云南农业大学	昆明市	本科	
4	西南林业大学	昆明市	本科	
5	昆明医科大学	昆明市	本科	
6	大理大学	大理白族自治州	本科	
7	云南中医药大学	昆明市	本科	
8	云南师范大学	昆明市	本科	
9	昭通学院	昭通市	本科	
10	曲靖师范学院	曲靖市	本科	
11	普洱学院	普洱市	本科	
12	保山学院	保山市	本科	
13	红河学院	红河哈尼族彝族自治州	本科	
14	云南财经大学	昆明市	本科	
15	云南艺术学院	昆明市	本科	
16	云南民族大学	昆明市	本科	
17	玉溪师范学院	玉溪市	本科	
18	楚雄师范学院	楚雄彝族自治州	本科	
19	云南警官学院	昆明市	本科	
20	昆明学院	昆明市	本科	
21	文山学院	文山壮族苗族自治州	本科	
22	云南经济管理学院	昆明市	本科	民办
23	云南大学滇池学院	昆明市	本科	民办
24	丽江文化旅游学院	丽江市	本科	民办
25	昆明理工大学津桥学院	昆明市	本科	民办
26	昆明城市学院	昆明市	本科	民办
27	昆明文理学院	昆明市	本科	民办
28	昆明医科大学海源学院	昆明市	本科	民办
29	云南艺术学院文华学院	昆明市	本科	民办

续表

序号	学校名称	所在地	办学层次	备注
30	云南工商学院	昆明市	本科	民办
31	滇西科技师范学院	临沧市	本科	
32	滇西应用技术大学	大理白族自治州	本科	

注：数据来源于云南省教育厅。

表 2.3　云南省高职（专科）院校（56 所）

序号	学校名称	所在地	办学层次	备注
1	昆明冶金高等专科学校	昆明市	专科	
2	云南国土资源职业学院	昆明市	专科	
3	云南交通职业技术学院	昆明市	专科	
4	昆明工业职业技术学院	昆明市	专科	
5	云南农业职业技术学院	昆明市	专科	
6	云南司法警官职业学院	昆明市	专科	
7	云南文化艺术职业学院	昆明市	专科	
8	云南体育运动职业技术学院	昆明市	专科	
9	云南科技信息职业学院	昆明市	专科	民办
10	西双版纳职业技术学院	西双版纳傣族自治州	专科	
11	昆明艺术职业学院	昆明市	专科	民办
12	玉溪农业职业技术学院	玉溪市	专科	
13	云南能源职业技术学院	曲靖市	专科	
14	云南国防工业职业技术学院	昆明市	专科	
15	云南机电职业技术学院	昆明市	专科	
16	云南林业职业技术学院	昆明市	专科	
17	云南城市建设职业学院	昆明市	专科	民办
18	云南工程职业学院	昆明市	专科	民办
19	曲靖医学高等专科学校	曲靖市	专科	
20	楚雄医药高等专科学校	楚雄彝族自治州	专科	
21	保山中医药高等专科学校	保山市	专科	
22	丽江师范高等专科学校	丽江市	专科	
23	德宏师范高等专科学校	德宏傣族景颇族自治州	专科	
24	云南新兴职业学院	昆明市	专科	民办
25	云南锡业职业技术学院	红河哈尼族彝族自治州	专科	
26	云南经贸外事职业学院	昆明市	专科	民办
27	云南三鑫职业技术学院	文山壮族苗族自治州	专科	民办
28	德宏职业学院	德宏傣族景颇族自治州	专科	

续表

序号	学校名称	所在地	办学层次	备注
29	云南商务职业学院	昆明市	专科	民办
30	昆明卫生职业学院	昆明市	专科	民办
31	云南现代职业技术学院	楚雄彝族自治州	专科	民办
32	云南旅游职业学院	昆明市	专科	
33	红河卫生职业学院	红河哈尼族彝族自治州	专科	
34	云南外事外语职业学院	昆明市	专科	民办
35	大理农林职业技术学院	大理白族自治州	专科	
36	公安消防部队高等专科学校	昆明市	专科	
37	云南财经职业学院	昆明市	专科	
38	昆明铁道职业技术学院	昆明市	专科	
39	昭通卫生职业学院	昭通市	专科	
40	大理护理职业学院	大理白族自治州	专科	
41	云南水利水电职业学院	昆明市	专科	
42	云南轻纺职业学院	昆明市	专科	
43	云南特殊教育职业学院	昆明市	专科	
44	云南工贸职业技术学院	昆明市	专科	
45	云南交通运输职业学院	昆明市	专科	
46	昆明幼儿师范高等专科学校	昆明市	专科	
47	云南医药健康职业学院	昆明市	专科	民办
48	云南理工职业学院	昆明市	专科	民办
49	曲靖职业技术学院	曲靖市	专科	
50	红河职业技术学院	红河哈尼族彝族自治州	专科	
51	玉溪职业技术学院	玉溪市	专科	
52	保山职业学院	保山市	专科	
53	昭通职业学院	昭通市	专科	
54	文山职业技术学院	文山壮族苗族自治州	专科	
55	丽江职业技术学院	丽江市	专科	
56	香格里拉职业学院	迪庆藏族自治州	专科	

注：数据来源于云南省教育厅。

（2）贵州省高等院校发展情况。

截至 2023 年 6 月 15 日，贵州省共有普通高等院校 77 所，其中，本科院校 29 所、高职（专科）院校 48 所，见表 2.4、表 2.5。截至 2022 年底，全省普通本科、专科院校共有在校生 89.47 万人，其中，普通本科在校生 41.17 万人、专科在校生 48.3 万人。高等教育毛入学率 47.8%。

表2.4　贵州省普通本科高等院校（29所）

序号	学校名称	所在地	办学层次	备注
1	贵州大学	贵阳市	本科	
2	贵州医科大学	贵阳市	本科	
3	遵义医科大学	遵义市	本科	
4	贵州中医药大学	贵阳市	本科	
5	贵州师范大学	贵阳市	本科	
6	遵义师范学院	遵义市	本科	
7	铜仁学院	铜仁市	本科	
8	兴义民族师范学院	黔西南布依族苗族自治州	本科	
9	安顺学院	安顺市	本科	
10	贵州工程应用技术学院	毕节市	本科	
11	凯里学院	黔东南苗族侗族自治州	本科	
12	黔南民族师范学院	黔南布依族苗族自治州	本科	
13	贵州财经大学	贵阳市	本科	
14	贵州民族大学	贵阳市	本科	
15	贵阳学院	贵阳市	本科	
16	六盘水师范学院	六盘水市	本科	
17	贵州商学院	贵阳市	本科	
18	贵州警察学院	贵阳市	本科	
19	贵州中医药大学时珍学院	贵阳市	本科	民办
20	贵州黔南经济学院	黔南布依族苗族自治州	本科	民办
21	贵阳信息科技学院	贵阳市	本科	民办
22	贵州黔南科技学院	黔南布依族苗族自治州	本科	民办
23	贵阳人文科技学院	贵阳市	本科	民办
24	贵阳康养职业大学	贵阳市	本科	
25	遵义医科大学医学与科技学院	遵义市	本科	民办
26	贵州医科大学神奇民族医药学院	贵阳市	本科	民办
27	贵州师范学院	贵阳市	本科	
28	贵州理工学院	贵阳市	本科	
29	茅台学院	遵义市	本科	民办

注：数据来源于贵州省教育厅。

表2.5　贵州省高职（专科）院校（48所）

序号	学校名称	所在地	办学层次	备注
1	黔南民族医学高等专科学校	黔南布依族苗族自治州	专科	
2	贵州交通职业技术学院	贵阳市	专科	

续表

序号	学校名称	所在地	办学层次	备注
3	贵州航天职业技术学院	遵义市	专科	
4	贵州电子信息职业技术学院	黔东南苗族侗族自治州	专科	
5	安顺职业技术学院	安顺市	专科	
6	黔东南民族职业技术学院	黔东南苗族侗族自治州	专科	
7	黔南民族职业技术学院	黔南布依族苗族自治州	专科	
8	遵义职业技术学院	遵义市	专科	
9	贵州城市职业学院	贵阳市	专科	民办
10	贵州工业职业技术学院	贵阳市	专科	
11	贵州电力职业技术学院	贵阳市	专科	
12	六盘水职业技术学院	六盘水市	专科	
13	铜仁职业技术学院	铜仁市	专科	
14	黔西南民族职业技术学院	黔西南布依族苗族自治州	专科	
15	贵州轻工职业技术学院	贵阳市	专科	
16	遵义医药高等专科学校	遵义市	专科	
17	贵州机电职业技术学院	黔南布依族苗族自治州	专科	
18	贵阳职业技术学院	贵阳市	专科	
19	毕节职业技术学院	毕节市	专科	
20	贵州职业技术学院	贵阳市	专科	
21	贵州盛华职业学院	黔南布依族苗族自治州	专科	民办
22	贵州工商职业学院	贵阳市	专科	民办
23	贵阳幼儿师范高等专科学校	贵阳市	专科	
24	铜仁幼儿师范高等专科学校	铜仁市	专科	
25	黔南民族幼儿师范高等专科学校	黔南布依族苗族自治州	专科	
26	毕节医学高等专科学校	毕节市	专科	
27	贵州建设职业技术学院	贵阳市	专科	
28	毕节幼儿师范高等专科学校	毕节市	专科	
29	贵州农业职业学院	贵阳市	专科	
30	贵州工程职业学院	铜仁市	专科	民办
31	贵州工贸职业学院	毕节市	专科	民办
32	贵州水利水电职业技术学院	贵阳市	专科	
33	贵州电子商务职业技术学院	贵阳市	专科	
34	贵州应用技术职业学院	黔南布依族苗族自治州	专科	民办
35	贵州电子科技职业学院	贵阳市	专科	
36	贵州装备制造职业学院	贵阳市	专科	

续表

序号	学校名称	所在地	办学层次	备注
37	贵州健康职业学院	铜仁市	专科	
38	贵州食品工程职业学院	贵阳市	专科	
39	贵州经贸职业技术学院	黔南布依族苗族自治州	专科	
40	贵州护理职业技术学院	黔南布依族苗族自治州	专科	
41	六盘水幼儿师范高等专科学校	六盘水市	专科	
42	毕节工业职业技术学院	毕节市	专科	
43	贵州航空职业技术学院	贵阳市	专科	
44	贵州财经职业学院	贵阳市	专科	
45	贵州民用航空职业学院	安顺市	专科	民办
46	贵州文化旅游职业学院	贵阳市	专科	
47	贵州体育职业学院	贵阳市	专科	
48	贵州铜仁数据职业学院	铜仁市	专科	民办

注：数据来源于贵州省教育厅。

（3）广西壮族自治区高等院校发展情况。

截至 2023 年 6 月 15 日，广西壮族自治区共有普通高等院校 87 所，其中，本科院校 38 所、高职（专科）院校 49 所，见表 2.6、表 2.7。截至 2022 年底，全区普通本科、职业本科（专科）院校共有在校生 140.75 万人，其中，普通本科在校生 62.76 万人、职业本科在校生 2.17 万人、高职（专科）在校生 75.82 万人。高等教育毛入学率 60.2%。

表 2.6　广西壮族自治区普通本科高等院校（38 所）

序号	学校名称	所在地	办学层次	备注
1	广西大学	南宁市	本科	
2	广西科技大学	柳州市	本科	
3	桂林电子科技大学	桂林市	本科	
4	桂林理工大学	桂林市	本科	
5	广西医科大学	南宁市	本科	
6	右江民族医学院	百色市	本科	
7	广西中医药大学	南宁市	本科	
8	桂林医学院	桂林市	本科	
9	广西师范大学	桂林市	本科	
10	南宁师范大学	南宁市	本科	
11	广西民族师范学院	崇左市	本科	
12	河池学院	河池市	本科	
13	玉林师范学院	玉林市	本科	

续表

序号	学校名称	所在地	办学层次	备注
14	广西艺术学院	南宁市	本科	
15	广西民族大学	南宁市	本科	
16	百色学院	百色市	本科	
17	梧州学院	梧州市	本科	
18	广西科技师范学院	来宾市	本科	
19	广西财经学院	南宁市	本科	
20	南宁学院	南宁市	本科	民办
21	北部湾大学	钦州市	本科	
22	桂林航天工业学院	桂林市	本科	
23	桂林旅游学院	桂林市	本科	
24	贺州学院	贺州市	本科	
25	广西警察学院	南宁市	本科	
26	北海艺术设计学院	北海市	本科	民办
27	广西农业职业技术大学	南宁市	本科	
28	柳州工学院	柳州市	本科	民办
29	广西民族大学相思湖学院	南宁市	本科	民办
30	桂林学院	桂林市	本科	民办
31	南宁师范大学师园学院	南宁市	本科	民办
32	广西中医药大学赛恩斯新医药学院	南宁市	本科	民办
33	桂林信息科技学院	桂林市	本科	民办
34	南宁理工学院	桂林市	本科	民办
35	广西外国语学院	南宁市	本科	民办
36	北京航空航天大学北海学院	北海市	本科	民办
37	广西城市职业大学	崇左市	本科	民办
38	广西职业师范学院	南宁市	本科	

注：数据来源于广西壮族自治区教育厅。

表2.7　广西壮族自治区高职（专科）院校（49所）

序号	学校名称	所在地	办学层次	备注
1	桂林生命与健康职业技术学院	桂林市	专科	民办
2	广西机电职业技术学院	南宁市	专科	
3	广西体育高等专科学校	南宁市	专科	
4	南宁职业技术学院	南宁市	专科	
5	广西水利电力职业技术学院	南宁市	专科	
6	桂林师范高等专科学校	桂林市	专科	

续表

序号	学校名称	所在地	办学层次	备注
7	广西职业技术学院	南宁市	专科	
8	柳州职业技术学院	柳州市	专科	
9	广西生态工程职业技术学院	柳州市	专科	
10	广西交通职业技术学院	南宁市	专科	
11	广西工业职业技术学院	南宁市	专科	
12	广西国际商务职业技术学院	南宁市	专科	
13	钦州幼儿师范高等专科学校	钦州市	专科	
14	柳州铁道职业技术学院	柳州市	专科	
15	广西建设职业技术学院	南宁市	专科	
16	广西现代职业技术学院	河池市	专科	
17	北海职业学院	北海市	专科	
18	桂林山水职业学院	桂林市	专科	民办
19	广西经贸职业技术学院	南宁市	专科	
20	广西工商职业技术学院	南宁市	专科	
21	广西演艺职业学院	南宁市	专科	民办
22	广西电力职业技术学院	南宁市	专科	
23	广西英华国际职业学院	钦州市	专科	民办
24	柳州城市职业学院	柳州市	专科	
25	百色职业学院	百色市	专科	
26	广西工程职业学院	百色市	专科	民办
27	广西理工职业技术学院	崇左市	专科	民办
28	梧州职业学院	梧州市	专科	
29	广西经济职业学院	南宁市	专科	民办
30	广西幼儿师范高等专科学校	南宁市	专科	
31	广西科技职业学院	崇左市	专科	民办
32	广西卫生职业技术学院	南宁市	专科	
33	广西培贤国际职业学院	百色市	专科	民办
34	广西金融职业技术学院	南宁市	专科	
35	广西中远职业学院	崇左市	专科	民办
36	玉柴职业技术学院	玉林市	专科	民办
37	广西蓝天航空职业学院	来宾市	专科	民办
38	广西安全工程职业技术学院	南宁市	专科	
39	广西自然资源职业技术学院	崇左市	专科	
40	崇左幼儿师范高等专科学校	崇左市	专科	
41	广西制造工程职业技术学院	南宁市	专科	

续表

序号	学校名称	所在地	办学层次	备注
42	广西物流职业技术学院	贵港市	专科	
43	防城港职业技术学院	防城港市	专科	
44	广西信息职业技术学院	南宁市	专科	
45	广西农业工程职业技术学院	崇左市	专科	
46	梧州医学高等专科学校	梧州市	专科	民办
47	北海康养职业学院	北海市	专科	民办
48	广西质量工程职业技术学院	南宁市	专科	
49	桂林信息工程职业学院	桂林市	专科	民办

注：数据来源于广西壮族自治区教育厅。

鉴于自然、历史、社会等多方面原因，滇黔桂地区高等教育发展水平与东部等其他地区相比仍有一定差距，但近几年滇黔桂地区高等教育整体质量全面提升，创新驱动加速推进，为推动滇黔桂地区区域经济高质量发展发挥了重要的作用。

2.2.3.3 中国创新创业发展现状

中国基于创新战略政策提出了创新创业教育，2001 年时任劳动保障部培训就业司副司长信长星指出要将创新创业教育引入技工培养，这是第一次在正式场合提出"创新创业教育"概念。国内学者最早是将创新创业教育在职业技术教育中付诸实践，在中文数据库检索文献，创新创业教育的相关文献最早发表于《职业技术教育》上的《加强创新创业教育提高劳动者的素质》一文，文章提到培养学生创新创业意识和能力是应对 21 世纪挑战的重要举措，创新创业教育是提高全民族竞争力的重大发展战略，还提到职业学校在开展创新创业教育中存在的问题和建议。

中国在《中国大学生创新创业教育发展报告》中将探索性的创业界定为创新创业。2010年教育部下发的《教育部关于大力推进高等学校创新创业教育和大学生自主创业工作的意见》（教办〔2010〕3 号）文件中，指出在高校进行创新创业教育是服务于创新型国家建设战略的举措，并对高校开展创新创业教育给出了指导意见，要求从 2016 年起所有高校都要设置创新创业教育课程。此后，创新创业教育概念被广泛应用。随后，关于创新创业教育内涵的理解，学者们从不同视角给予了关注。有学者从阐释两者关系出发，认为创新创业教育不是创业教育和创新教育的机械相加，而是两者精髓的结合，创新是创业的前提，创业是创新的目标。有学者认为创新创业教育是知识经济时代的一种教育观念，是指为了适应社会发展和国家的战略规划需要，以培养具有创业意识和开拓型人才为目标产生的一种新的教学理念与模式。有学者认为创新创业教育是一种新的教育理念，其主旨是培养学生的创新精神、创业意识和能力，提升学生的首创精神、冒险精神、独立工作能力等。有学者从创新创业的目的出发，提出创新创业的目的是通过学校的专业教育和系统培训，培养学生的创新精神和创业意识，提高学生的创新能力和就业能力。王占仁则从创新创业教育的受众出发，认为创新创业教育不是面向工程、艺术、科技等少数专业的精英教育，而是普遍培养学生的创造性思维、解决问题的能力，培养学生创造就业岗位或创办企业的能力的大众化教育，是素质型教育和职业型教育的整合。总之，创新创业教育是中国特有的一种符合社会经济发展和国家战略规划需要的教育理念，是着眼于培养学生创新能力、创业精神和创业能力的一种素质和能力教育。

2.2.3.4 滇黔桂地区创新创业发展现状

在滇黔桂地区政府全面部署下，高校作为培养创新创业型人才的重要平台，不断积极推进学科专业教育与创新创业教育的融合，健全创新创业课程体系，结合政策支持、培养模式、课程教学、课外实践、竞赛活动等措施，进行多方面、多角度、多层次教学融合，不断推进创新创业教育发展。高校在培养大学生创新精神、创业技能的同时，进一步缓解大学生的就业压力，为经济社会发展提供创新型人才。

（1）云南省创新创业发展现状。

2023 年 11 月 22 日，第十届"云南青年创业省长奖"颁奖仪式在昆明市举行，盛况空前。"云南青年创业省长奖"由团省委和省人力资源和社会保障厅牵头，联合省委宣传部、省发展改革委等 19 家部门共同举办，截至 2023 年已成功举办 10 届，累计产生"云南青年创业省长奖"100 名、提名奖 186 名，通过在全省培养选拔大批创业青年典型，借助示范带动作用，使广大创业青年以拼搏奋进的姿态，积极投身创新创业热潮，用奋斗青春在云岭大地营造"青年敢于创新、勇于创业、勤于创造"的蓬勃生态。以"创青春"为品牌的青年创业赛事也已在高校连续开展十届，累计吸引 1 万余个创业项目，5 万余名青年报名参赛，重点选树了 100 名云南"创新创业之星"。该创业大赛通过搭建青年创新创业日常展示交流、资源对接、项目孵化等平台，引导青年开展创新性强、前瞻性好的创业项目，扶持培育科技含量高、商业模式新的创业团队，在广大青年中传播"创新引领未来、创业改变生活、奋斗成就梦想"的创业理念。近年来，依托青年创新创业人才系列行动，云南省大力支持校企协同创新活动，致力培育青年创业骨干。截至 2023 年，开设青帆创业夜校，培训社会创业青年 10 万余名；打造云南省青年创业园，先后孵化企业超过 30 家入驻，带动就业近 4000 人，园区企业产值超 3 亿元，纳税总额超 1000 万元；打造青年创业集群，在全省 129 个县（市、区）建立青创联盟，覆盖社会组织和各类企业超 2 万家，筑牢党委、政府联系青年企业家的桥梁纽带；实施"贷免扶补"、创业担保贷款、"两个 10 万元"金融扶持项目，累计协助金融机构发放贷款近 200 亿元，扶持创业青年 20 万余人，带动就业超 55 万人。

同时，云南省积极鼓励和扶持校企协同创新项目，涌现出一批以高校、科研院所、咨询服务机构为主的卓有成效的先行者，积累了一定的经验、资源与渠道。2018 年 9 月，云南省科技厅组织实施首批建设面向南亚东南亚科技创新中心示范机构（中心、基地）认定工作，其中，云南启迪 K 栈众创空间、德宏泛亚国际众创空间科技有限公司、云南创新生物产业孵化器管理有限公司、昆明理工大学、云南滇创科技孵化器企业管理有限公司5家具备面向南亚东南亚的国际科技合作基础和渠道，具有集国际孵化、资本对接、营销服务，以及创新服务、知识产权运营等公共服务平台的机构被认定为区域国际创新创业中心。2020年6月，昆明市科技局制定出台《昆明市国际（对外）科技合作基地管理办法》，分批认定包括国际（对外）科技研发中心、国际技术转移中心（国际科技企业孵化器）、国际（对外）科技合作示范企业和引进企业（知名高校院所）研发中心4种类型的科技合作基地，至今累计认定3批共计33家基地。其中，国际科技企业孵化器4家，分别为云南创新生物产业孵化器、云上云国际科技企业孵化器、东南亚国际科技项目与人才培养合作孵化器、中国昆明—老挝万象海外创新创业孵化中心。

近年来，云南省高校构建了各自的创新创业教育体系，不断深化创新创业教育改革，探索了许多成功的做法，取得了许多改革成绩。例如，2016年云南师范大学成立创新创业学院，将创新创业教育融入人才培养过程，创新性提出创业基础课程"1+1"培养模式，建立"理论 + 实践"的创新创业通识教育模式。多年来，在学校及教学团队的共同努力下，云南师范大学的创新创业教育模式已日臻成熟，相关工作在省内具有一定的示范引领作用。

（2）贵州省创新创业发展现状。

贵州省持续深化高校创新创业教育改革，按照国家"双创"工作部署，进一步聚焦为党育人、为国育才功能，引导和激励大学生通过广泛的社会实践、深刻的社会观察，不断增强对国情、省情、社情的了解，激发创新精神、培育创业意识、提升创业能力。贵州省重视推动校企协同创新发展，鼓励校企双方通过校企合作的方式，不断丰富产教融合办学形态，拓展产教融合培养内容，优化产教融合合作模式，提升大学生创业能力水平。

其中，贵州大学通过实施价值塑造和人才培养计划，坚持以德铸魂、以文化人，深化创新创业和专业教学有机融合，重点围绕大数据与信息技术、智能制造、新能源及材料等工业产业，大力引进培养国家级人才。打造以国家级人才为主的"大团队"，布局"大项目"，培育"大成果"，为贵州高质量发展提供坚实的科技支撑、人才保障和智力支持。通过与企业深度开展校企协同创新，贵州大学机械工程学院智能交叉团队在航空叶片技术上取得了一项突破性成果，解决了航空叶片微孔电火花加工过程中自动化率低、产品质量依赖人工等难题，推动航空叶片加工产线的升级。近年来，该团队成员已发表SCI论文1篇，发明专利2项。贵州民族大学瞄准民族地区发展和产业需求建设一流学科专业，引导广大师生以服务新型工业化、新型城镇化、农业现代化、旅游产业化为重点开展科学研究，努力产出一批标志性的重大成果，引领学校科研工作重在解决实际问题、服务产业发展，培养信念执着、品德优良、知识丰富、本领过硬的高素质应用型人才，为贵州经济社会高质量发展提供智力支持和人才支撑。近年来，贵州民族大学与贵州桥梁设计研究院合作攻关，研发大体积混凝土浇筑温控系统，推动建造数字化；建设西江讲堂，以西江千户苗寨为研究对象，每年开展学术论坛上百次，接待来访学者 400 多人，民族团结交流馆接待游客上千人，成为高校服务贵州民族地区发展的生动实践，也是校企协同创新的典范。贵州理工学院坚持地方性、应用型的办学定位，瞄准区域产业需求，遵循工科建设逻辑，强化跨界融合发展，坚定不移地走好"学科交叉、产教融合、协同育人"的新工科特色办学之路，不断提升教育供给能力，提高服务地方经济社会发展的能力，增强核心竞争力。不断优化学科专业布局，瞄准贵州优势特色及新兴产业，在学科专业设置和布局上找准了自身办学定位和专业发展方向，打造以"新材料开发与利用""航空宇航与智能制造""大数据科学与技术"为核心的特色学科群。贵州师范大学、贵州财经大学、遵义医科大学、安顺学院和凯里学院等高校纷纷结合自身优势，找准发展定位，以聚焦产业发展为目标，不断加快教育链、人才链、产业链与创新链的有机衔接，打造匹配产业结构的创新创业教育体系，校企共建上百所产业学院，涌现出贵州工职院、黔南职院联合贵州磷化（集团）有限公司共同牵头的黔南州磷化工及新型储能材料产业市域产教联合体若干个。

（3）广西壮族自治区创新创业发展现状。

自国家发展改革委、教育部 2019 年印发《建设产教融合型企业实施办法（试行）》以来，广西积极加快促进教育链、人才链与产业链、创新链的有机衔接。2023 年 10 月 6 日，自治区人民政府办公厅印发《广西壮族自治区行业产教融合共同体建设指导意见》（桂政办发〔2023〕70 号），明确部署：2023 年启动行业产教融合共同体建设工作，由自治区统筹主导、行业行政主管部门指导，行业行政主管部门、行业龙头企业、行业组织、科研院所、高等学校单独或联合牵头申报，广西职业教育创新发展领导小组审定，建成 10 个行业特色鲜明、产教集聚融合、科教深度融汇、跨区域的行业产教融合共同体。《广西壮族自治区"十四五"产教融合建设试点工作方案》等相关文件精神，为企业和高校的协同创新保驾护航，激励更多的企业和高校开展协同创新，共同提升大学生创业能力。

广西持续聚焦产业高质量发展，不断强化科技支撑，着力推进建平台、强主体、抓攻关、聚人才、活机制，积极培育创新型企业，引导高校和企业协同创新，加大研发投入，加强技术攻关，推动各级各类创新创业政策落地见效，不断提升科技创新能力。以南宁市为例，南宁市以打造产业创新引擎为导向，引进知名高校院所、龙头企业和高层次人才团队，进一步推动企业与高校、科研院所联合共建企业化运作的研究机构和高能级创新创业平台。截至2023 年 6 月，南宁市累计引进新型产业技术研究机构 22 家，转化科技成果 85 项，实现营收超 3.7 亿元；累计建设国家级创新创业平台 40 家、自治区级创新平台 450 家、自治区级创新联合体 9 家。

广西高校创业孵化器是广西校企协同创新活动的重要抓手，是为大学生提供创新创业支持和服务的机构，其基本功能包括提供创业培训、创业指导、创业投资等方面的服务。目前，广西的高校创业孵化器已经取得一定的成果，在推动学生创新创业、促进地方经济社会发展等方面发挥了积极作用。例如，广西财经学院大学生创业孵化基地积极打造集课堂、基地、平台、竞赛于一体的创业服务区，为学生提供场地、资金、人才等全方位的支持。北部湾大学的桂茶桂器产业孵化器依托学院专业人才和产业优势，融合广西六堡茶与坭兴陶两大产业，为广西茶与陶器产业初创企业提供更加完善的公共服务和创业空间；该孵化器还与当地企业开展深度合作，开展人才引进和创新创业项目孵化等方面的工作。柳州工学院协同创新研究院创业孵化基地（大学生创业园）与区域企业开展深度合作和交流，建成集技术研发与服务、成果转化、培训、项目孵化及产业化、人才引进与培养等功能于一体的国内先进创新科研实体和公共服务平台，为学生提供多样化的创业支持和服务，同时开展创业大赛等活动，鼓励学生积极参与创新创业活动。广西科技师范学院通过校企合作进行资源共建，校企联合共同打造产业创意创新项目案例资源库，通过合作的企业和平台，挖掘专创融合案例，逐步建立起案例资源库，更好地使新工科专业人才的学习与企业需求相结合，明确企业需求，面对企业变化的新趋势、新要求，让专业课程资源突破传统的教材，灵活运用现代信息技术与优质资源整合形成新形态教材。

综上所述，滇黔桂地区政府、高校和企业都很认可协同创新、共同育人的合作模式，但是对学生的创意创新创业能力的培养目标、能力体系的构建等没有完全达到以满足地方经济需求和服务社会需求的目标导向。在各个专业的人才培养中，创新创业教育纳入人才培养方案时间较短，师资队伍比较欠缺且整体资历尚浅，创新创业课程体系建构不够完整。学生的创意创新和创业能力的培养更多依赖于"大学生创新创业训练计划项目"的训练和参加大学生创新创业大赛，但校内参加比赛的学生少，该方式覆盖面不广，只有小部分学生的创意创新能力能够得到真正锻炼，并不能充分满足地方经济和服务社会的需求。

本章小结

本章分别对校企协同创新、资源拼凑、创业能力、创业政策、校园创新氛围这五个核心概念进行了界定，并分别探讨了校企协同创新、创业能力和滇黔桂地区高等教育发展的研究现状，进行了文献整理和述评，进一步明确了空白的研究领域。

第三章　理论基础

3.1　资源拼凑理论

3.1.1　资源拼凑理论的概念和内涵

"拼凑"作为一个理论概念，最初是由法国人类学家列维·斯特劳斯在其 1967 年出版的著作《野性思维》中提出的。实际上，拼凑代表了一种建构主义思维方式，主要是指人类在处理问题时不断发现事物的内在属性，充分挖掘其内在价值的过程。拼凑在人类学中描述的是人在环境影响下所表现出来的一种行为方式——利用手头一切可利用的资源来完成任务。因此，拼凑与即兴创作具有紧密的联系，即兴创作要求计划与行动尽可能同时进行，而拼凑则为计划与行动的同时进行提供就地取材式的资源支持。

"拼凑"是一个人类学概念，它与创业者所作的决策具有异曲同工之处。大部分创业者在发现创业机会时往往都会遭遇创业资源（如人力、物质和财务资源等）拮据的困境（创新劣势说的就是这种境遇）。创业企业通常能够重构或者富有创意地利用手头资源，突破既有资源和先前利用经验的束缚。因此，创业资源拼凑的关键就是发现手头资源的新用途或新使用价值，并且用它来开发创业机会，进而实现创业价值。

有学者率先将拼凑概念引入基于资源视角的创业研究，他们认为资源拼凑（利用现有资源）和资源搜寻（获取新的资源）是创业者突破资源约束的 2 种重要策略，选择不同的策略会导致创业企业后期资源配置的差异。有学者以 29 家受到资源约束制约的创业企业为研究对象，在分析了这些企业整合资源开发创业机会的过程后，提出了"创业拼凑"的概念，并把它定义为凑合着整合利用手头资源来解决新问题和开发新机会的过程，旨在描述创业者如何整合资源创造价值。

3.1.2　创业拼凑的主要理论视角

（1）资源理论视角。

创业拼凑并不否定资源基础观所强调的异质性资源和核心能力的重要性。资源对于创业企业固然很重要，但是资源稀缺的问题意味着，要充分利用手头资源来创造价值和构建能力，成为难以获得异质性资源的创业企业的必然选择。通过对手头资源要素的拼凑开发新价值，快速响应转瞬即逝的市场机会，实际上提升了企业的资源整合能力、机会识别能力等核心能力。因此，祝振铎等学者认为创业拼凑是对资源基础观的继承和发展。

（2）制度理论视角。

拼凑是制度创业的行为策略之一。有研究提出了制度创业的概念，新制度理论学派把制度创业界定为行动主体为了能从某种特定的制度安排中获利，调动资源来创造新制度或改变既有制度而从事的活动。制度对创业者行为既能产生制约作用，又能产生使能作用。创业者在面对制度约束时可以发挥能动性，通过拼凑加以应对，促使制度发生改变。

（3）社会网络视角。

有学者将创业者通过挖掘自己所能接触到的所有社会网络关系，以尽可能低成本地搜寻和利用资源要素的战略行为，称为网络拼凑。创业者不是基于详尽的计划或者工具性目的维护社会网络关系，而是借助各种社会网络关系和即兴的资源整合方式，以很小的代价获得可以凑合使用的资源要素。

（4）身份认同视角。

创业者不一定是出于对环境限制的反应而进行拼凑，也可能是他们把自己定位成拼凑者。有学者认为，也有可能是为了追求这种理想的身份而采取拼凑行为。未来可以从身份认同理论的视角更深入地探究拼凑者的身份认同，这将有助于解释拼凑为什么及如何发生。

3.1.3 资源拼凑的类型研究

现有研究主要是基于拼凑频率与范围、拼凑对象、拼凑方式、拼凑动机、拼凑导向等进行分类研究，本研究将其整理为表 3.1。这些分类方式为资源拼凑这一研究领域的发展注入了新的活力，也为进一步丰富资源拼凑内涵、研究框架提供了机会。但现有研究存在边界尚未明确的问题，这些问题也困扰着后续的研究工作。如何以合适的划分标准将众多资源拼凑类型进行有效的归纳和整理，这是未来研究的一个重要方向。

表 3.1 资源拼凑的类型研究

分类依据	类型	定义	影响
拼凑频率与范围	并行型拼凑	在多个同时执行的项目中进行拼凑，是一种持续性、重复性的多领域拼凑	采取并行型拼凑的企业的成长性无显著提高
	选择型拼凑	在个别方面或个别项目进行拼凑，通常会在一次拼凑结束之后才考虑开始下一次拼凑，是一种不连续的、具有选择性的拼凑	采取选择型拼凑的企业的成长性有显著提高
拼凑对象	物质拼凑	利用被遗忘的、被遗弃的、已磨损的或被假定为"单一用途"的材料进行拼凑	将无价值的资源转变为富有价值的资源，物质拼凑创造了新的资源投入
	人力拼凑	对项目中的客户、供应商等利益相关者进行拼凑	人力拼凑创造了新的劳动力投入
	技能拼凑	允许和鼓励业余爱好者和自学的人参与活动，技能拼凑提供了有用的服务	面对快速变化的市场需求可以迅速做出反应
	客户拼凑	调节客户的需求并建立卖方与买方间的相互关系，企业提供给顾客便宜的、非标准的产品和服务	客户拼凑为市场创造了新的客户，这些客户先前可能并未考虑过会进入该市场
	制度拼凑	突破标准和常规的限制，在各个规则并不明确或是并未受到限制的领域积极尝试	制度拼凑创造了"侥幸"的解决方案

续表

分类依据	类型	定义	影响
拼凑对象	网络拼凑	利用先前存在的或建立新的人际网络关系进行拼凑	网络拼凑有可能导致企业即兴创建，如创业者在自己曾经从事的行业创办企业
拼凑方式	利用式拼凑	在已有的行为和认知模式的指引下，对身边资源加以利用	有助于减少主体的学习成本和开发成本
	探索式拼凑	强调重新探索现有资源的新特征和新用途	能够突破企业资源环境的限制
拼凑动机	需求型拼凑	为了降低对资源提供者的依赖和资源投入成本，通过拼凑达到可接受任务的要求	以极低的资源成本满足要求，减少了资源寻找的时间，但产品可能是残次品
	构想型拼凑	识别价值被低估的废弃资源，感知废弃资源的优势，有目的地利用废弃资源开发新产品	通常发生在拥有丰富资源的企业，创造性地利用手头资源不会影响企业其他业务的进行
拼凑导向	资源导向型	以手中资源为导向，利用手边已有的资源重新组合，产生创造性的结果后再去考虑是否有需求的市场	加深了对手头资源的理解，是对手头资源的创造性利用
	机会导向型	以市场机会为导向，利用存在的、但尚未被利用的资源提供给已完全建立起来的市场，拼凑就是为了满足已发现的市场机会	以极低的资源成本满足市场需求，但产品可能是残次品
	顾客导向型	以顾客偏好为导向，利用普通的资源创造性地构想出全新的服务组合，更好地满足消费者需求	满足了消费者自身此前都未意识到的需求，是一种创造需求的手段

通过扫描主题关键词并对其进行计算和分析，本研究发现与资源拼凑有共引关系的关键词主要有新创企业、创业导向、创业学习能力、资源约束、创新绩效等。其中，新创企业、创业导向、创业学习能力、创新绩效等被引次数较多，说明其是近年来本领域的研究热点。另外，在此研究热点上可以延伸出多个领域的关注点，如创业学习、企业绩效、双元创新、中小企业、环境动态性、企业成长、创业者、商业模式创新等。从研究方法看，早期研究主要采取理论分析、扎根方法、案例研究等方法，在之后实证研究逐渐增多。现有研究呈现出案例研究和实证研究呈现齐头并进的态势。

经过文献分析可知，中国关于资源拼凑的研究自 2009 年后开始出现，近两年逐渐增多，相比国外研究，中国有关研究还处于起步阶段。中国作为世界人口大国，人均资源占有量一直比较匮乏，因此，在中国开展资源拼凑行为的研究还有很大空间。现有研究更关注新创企业和社会一般企业的资源拼凑行为，未来还应关注其他类型组织，如高校、研究院、家族企业的资源拼凑行为。

3.1.4 资源拼凑理论对本研究的指导

本研究利用资源拼凑理论作为分析工具，重点分析协同创新过程中大学和企业两类异质性组织所拥有的能促进大学生创业能力提升的资源的涵盖范围，以及这些资源的特征和作用。资源拼凑理论再次证实，一方面，校企协同创新的本质就是校企所拥有的异质性资源在协同过程中，进行创造性利用或交流、交换、共享和融合，最终突破资源限制，以极低的成本提高高校创新创业教育的水平，满足学生创业能力提升需要的各类教育资源；另一方面，高校和企业组织在国家创业政策的鼓励下，识别和获取自身发展需要的外部资源，然后与组织自身的现有资源进行拼凑，可以获得持续性的竞争优势。

高校创业教育改革关键在于拼凑现有创业能力发展资源，不仅要进一步搜集资源，还要将现有资源加以具体化，深挖它们的新用途、新组合，达到创造性的再造效果。在高校可利用资源有限的情况下，应依据不同主体的资源需求，集合可以用的资源，发现机会（用一种资源替换组合中另一种资源），从而创造机会（开发资源的新用途、新功能），突破资源的约束，通过资源重新组合来丰富组织能力，使同质资源产生差异化价值，使学生的创业能力得到提升。

3.2　创业学理论

3.2.1　创新理论

1912 年，美国哈佛大学教授约瑟夫・熊彼特在其著作《经济发展理论》中提出，创新就是建立一种新的生产函数，即生产要素的重新组合，就是把一种从来没有的关于生产要素和生产条件的新组合引进生产体系中，以实现对生产要素或生产条件的新组合。约瑟夫・熊彼特认为，资本主义经济打破旧的平衡，实现新的平衡，主要依靠内部力量，其中最重要的就是创新，创新能够引起经济增长和发展。他还认为，由于经济领域中存在多种创新活动，并且不同的创新活动所需的时间长短不一，对经济的影响范围和程度也各不相同，因此出现多种创新周期。约瑟夫・熊彼特的研究成果突破了将创新看作是技术变化的局限，并将创新的外延从产品引申到了技术、制度、管理和市场等多个领域。

此后，新古典主义经济学、新熊彼特学派等分别提出了各自的创新理论。随着创新理论的发展，研究者将不再局限于企业这一单一的创新主体，而是将高校、政府、非营利组织、跨组织联合体甚至个人纳入创新理论的研究中来，并建立了涵盖国家和区域创新系统及网络的多层次的研究框架。国家创新系统学派认为，创新不是企业的孤立行为，而是由国家创新系统所推动的，科学和技术的发展充满了不确定性，因此需要政府在创新制度的安排上更具有弹性，起到优化创新资源配置的作用。

创新这个概念自出现起，就成为经济学、管理学和其他社会科学研究的重点。经历了一百多年的发展后，创新理论已经发展出了线性创新范式、耦合互动范式、集成创新范式及开放式创新范式等多种理论模型，并诞生了创新理论的新古典主义学派、新熊彼特学派、技术创新的制度学派，以及国家和区域创新系统学派等多个理论流派。

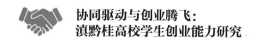

3.2.2 创业过程理论

"创业教育之父"杰弗里·蒂蒙斯于1999年在《新企业的创建》中提出一个创业过程管理模型。他认为，成功的创业活动必须最恰当地匹配机会、创业团队和资源，并与企业的发展保持动态平衡。创业过程是由机会引发的，创业团队成立后，要争取获得创业所需的资源，以便顺利实施创业计划。他还认为在创业过程中，机会不明确、市场不确定、资本市场风险和外部环境变化等因素往往会影响创业活动，致使创业过程充满风险。因此，创业者必须依靠自己的领导力、创造力和沟通技巧来发现和解决问题，掌握关键点。同时，为保证新创企业的顺利发展，应及时调整机会、资源和团队的组合。

按照杰弗里·蒂蒙斯的创业学理论，他提出在创业课程中要引入修辞学、艺术、人文和社会基础的普通教育课程，实现文科、理科、工科课程互相渗透，鼓励学生选修其他领域的课程。在综合学科方面，他提出设立跨学科创业课程，使学生能够形成一个全面的知识结构。基于广泛课程的理念，杰弗里·蒂蒙斯不仅在百森商学院的课程计划中设置创业教育课程，还让学生参与学校组织的与创业教育有关的活动，整合学校资源，为不同学习阶段的学生提供"课程—课外活动—研究"3个阶段的本科创业教育课程体系。

3.2.3 创业学理论对本研究的指导

通过梳理现有创业学理论研究可以发现，创新是组织发展的动力，但创新过程不再是一个简单的、线性的过程，而是一个在基础科学、基础技术、应用技术、产业化等创新链上的复杂的相互作用过程，组织独立进行创新也越来越困难。因此，本研究认为高校创新创业教育的改革发展必须与其他组织进行合作，这些组织包括拥有经验丰富的能够提供设备、场地、资金等资源的企业，以及帮助学生孵化创业项目的孵化器，在相互作用和影响中实现创业教育的改革创新；高校还要采取更加有效的方式，获取各种创新资源，使各种资源要素都能在多方面得到广泛支持，才能更有利于大学生创业发展。

3.3 利益相关者理论

3.3.1 利益相关者理论概述

利益相关者理论认为，企业仅代表股东的利益是不够的，还需要代表其他相关者的利益。利益相关者概念首次在1963年提出，美国斯坦福研究院认为失去利益相关者的支持，企业的个人与团体将无法生存。美国学者爱德华·弗里曼在其著作《战略管理：一种利益相关者的方法》中将利益相关者定义为能够对一个组织目标产生实质性影响的单位和个人，或者受一个组织实现其目标过程所影响的个人和群体。随后，他还进一步丰富了利益相关者的内涵，认为需要将利益相关者与组织目标结合起来，即一个组织的利益相关者可以影响其实现组织目标，不仅包括股东、员工、消费者，还包括政府、媒体等和组织相关的团体或个人。一些学者根据是否与企业有着法律义务或是否直接影响企业运营，对企业的利益相关者进行分类，一些与企业有明确法律关系且直接影响企业运营的团体，被称为内部利益相关者或主要利益相关者，而那些与企业没有明确法律义务或间接影响企业的团体，则被称为外部利益相关者或次要利益相关者。企业满足自身经营依靠并从中获取关键资源的内部利益需求，能够有效提高组织能力；与外部利益相关者保持良好的关系使企业取得社会合法性、享有良好声誉、获取重要信息等，有利于企业顺利实现预期收益或降低经营风险。

20世纪90年代后，也有一批学者对利益相关者概念进行解释。有学者认为，利益相关者是这样一群团体，他们对企业有合法的要求权，这种权利是通过一个交换关系而建立起来的，即他们向企业提供关键性资源，以换取个人利益目标的满足。还有学者认为，利益相关者在企业中投入了一些资本（包括实物资本、人力资本、财务资本或其他一些有价值的东西），在实现预期收益的同时，还承担着某种形式的风险。

有学者指出利益相关者的概念可以从狭义和广义2个方面进行理解。狭义的利益相关者是指从企业的角度理解，主要在企业的活动中占有重要位置的个人或群体；广义的利益相关者是从利益相关者与企业的双边视角界定的，包括有益于企业价值实现的利益相关者及不利于企业价值实现的利益相关者。前者是关于利益相关者的理解，后者是利益相关者概念的拓展。

3.3.2 校企协同创新中利益相关者的利益分析

在校企协同创新的建立、实施及后续的完善过程中，利益相关者的受益或者受损的情况也随着他们所扮演的角色和在体系中所处地位的不同而有所差别。利益相关者，特别是受损的利益相关者的行为、态度、观念又由他们各自的需求所支配。因此，进一步分析校企协同创新体系给他们带来的利弊和需求，分析不同利益相关者对校企协同创新有效性的影响具有积极意义。不同利益相关者受益受损情况见表3.2。

表3.2　不同利益相关者受益受损情况表

利益相关者		在校企协同创新体系受益情况	在校企协同创新体系受损情况	利弊对比
主体	学校	促使学校较快转变教育模式，提升学校综合办学能力；提高毕业生就业率；增加学校和企业的合作机会，提高学校融资能力；提高学校知名度，使学校得到社会和企业更高认可；帮助学校获得政府支持和资助	学校建设创新创业教育体系过程中需要许多的资金支持；对师资和硬件设施提出更高要求；效果滞后性可能使学校不能较快实现目标	受益相关者
	大学教师	帮助教师摆脱传统理论教学模式，多元化教学水平得以展现；与企业更多接触，帮助教师提高理论水平和认识；教师有更多机会与企业接触，提高教师实践水平；教师创业获得学校支持	对教师提出过高要求会加大教师的工作强度；多样化的授课形式要求教师不断创新教学方法和模式，教师工作量成倍增加	受损相关者

续表

利益相关者		在校企协同创新体系受益情况	在校企协同创新体系受损情况	利弊对比
主体	大学生	通过系统的创新创业教育活动，创新创业能力得到提高；动手、操作等实践能力得到提高；增加知识转化成财富的可能性，激发出强烈的创业热情；为职业发展打下基础	其他课程学习时间可能会受到影响；过分参与更多实践影响理论知识学习，顾此失彼；创业失败，挫伤创新创业自信心	受益相关者
客体	政府	政府所在地的高校教育模式有了创新，政府业绩得到提升；大学生创业成功将带动地区经济发展，给政府带来长期利益；缓解政府棘手的就业问题	鼓励大学生创业需要政府划拨资金支持；为大学生创业提供技术、资源、政策等消耗较多的资源和精力	受益相关者
	企业组织	企业与高校合作培养人才，可以较快获得能够为企业带来效益的创新型人才，节约培训成本；与高校合作，为企业提供技术支持	与高校合作，对企业人员要求更高；增加企业工作量；人才培养效果滞后	受益相关者

3.3.3 利益相关者理论对本研究的指导

通过梳理可以发现，基于利益相关者理论，高校和企业可以通过实施积极的协同创新活动来提高利益相关者的利益，进而支持高校和企业获得更多的优势资源，以提高自身组织优势。这就很好地阐述了高校和企业协同创新的动力基础：校企协同可以提高利益相关者的利益，实现资源优势互补和价值创造，达到共同的创新目标；资源拼凑可以打破高校和企业原有的资源限制或冗余惯例，形成新的资源组合和结构，以最低的成本提高利益相关者的利益。

本章小结

本章梳理了资源拼凑理论、创业学理论和利益相关者理论的概念、内涵、研究视角、研究类型等，挖掘了 3 个理论对本研究的指导要素，为后续研究打下理论基础。

第四章　理论分析和模型建构

4.1　研究假设

4.1.1　校企协同行为对大学生创业能力的影响假设

本研究认为，当前高校和组织之间的关系不应仅局限于简单的合作，而应该是深度的协同，因此用协同行为来描述校企之间深度协作的关系。李小妹和包凤耐将高校与其他主体间的协同行为界定为：高校与其他主体双方或多方在行为主导、信息传递、沟通与决策等方面进行多维协作。经实证研究得出结论：协同行为在高校社会资本与创新绩效中起到部分中介效应作用。有学者认为，协同行为是指以提高协同度为核心，通过各组织行为要素间的相互协同作用，实现超越单一主体活动所产生的效应。还有学者认为，校企协同行为是在社会经济发展的驱动下，以开放式创新理念为指导，通过获取和整合主体间内外部的发展资源和要素，促进高校与产业部门在科学研究、教育、产业化等创新活动方面的深度合作。

创业型人才是需要培养的。在创业者学习研究层面，使用认知学习与经验学习 2 个维度的研究较多。有关创业者学习的研究认为，创业学习是个人经验的转化与个人对他人及社会有效信息进行加工的统一过程。随着创业者学习研究的不断发展，一部分学者认为创业学习还应包括创业者在创业情境下亲身实践的一系列过程，即实践学习过程。每种不同的创业能力都需要不同的教育资源来塑造和锻炼，主要包括教学资源、实践资源、文化资源、社会资源。教学资源主要有创业类课程和培训，专创全面融合的课程，创业类讲座、论坛和座谈会，教学师资的创新创业素养课程等。实践资源主要有校企协同的有效性、创业实践孵化平台的入驻概率、企业见习的可参与性、社会活动的可参与性等。文化资源主要有国家的号召和高校、企业的引导，创业贷款、创业场地、税收减免等优惠政策的可得性，校园创业文化氛围，校园丰富的科技创新成果等。社会资源主要有融资、人脉等其他资源、信息资源的可得性等。然而，绝大多数普通高校在发展过程中不可能具有培养学生各种创业能力所需的全部资源，那么，如何合理地获取组织外的异质资源，实现自身创新创业教育的发展？那就必须积极参与校企深度协同，通过一系列校企协同行为来完成资源的高效整合。因此，本研究将校企协同行为界定为：参与协同的高校和企业为实现创新的目标，在创业政策的驱动下，通过深度协作促进各类资源的跨组织获取和拼凑，满足大学生创业能力提升所需的教育资源的一系列活动的总和。据此，本研究提出以下假设。

H1：校企协同行为对大学生创业能力具有正向影响；

H1a：教学资源对大学生创业能力具有正向影响；

H1b：实践资源对大学生创业能力具有正向影响；

H1c：文化资源对大学生创业能力具有正向影响；

H1d：社会资源对大学生创业能力具有正向影响。

4.1.2　校企协同行为对资源拼凑的影响假设

研究发现，团队成员间关系紧密有利于资源拼凑，团队成员异质性越高，越有利于资源拼凑效果的发挥。协同行为的目标为培养创新型人才，并实现互利共赢，高校参与协同的目标就是促进科研成果产出、创新人才培养和获取外部资源的支持等；协同行为的对象为主体间的各类资源；协同行为的结果为促进各类资源获取、重组，实现资源价值的最大化，从而提升学生的创业能力。从目标、对象和结果上全面阐释校企协同行为的内涵，发现校企协同行为在校企协同创新过程对资源拼凑的影响非常重要。研究发现，组织创造能力和协作能力有利于资源拼凑。在资源拼凑的过程中，校企协同行为是协同主体行使创新能力的动态表征，直接决定了资源拼凑的结果。据此，本研究提出以下假设。

H2：校企协同行为对资源拼凑具有正向影响；

H2a：教学资源对资源拼凑具有正向影响；

H2b：实践资源对资源拼凑具有正向影响；

H2c：文化资源对资源拼凑具有正向影响；

H2d：社会资源对资源拼凑具有正向影响。

4.1.3　资源拼凑对大学生创业能力的影响假设

根据资源基础理论，组织是多要素的资源集合体，组织的资源是生存和发展的前提。有学者认为，资源是指在组织中能够展现组织核心竞争力的任何事物。还有学者将资源定义为能够使一个企业制定和执行提高效率与效益的战略的资产、能力、组织过程、企业特性等。从以上论述可以看出，资源既是保持组织生存和发展的基础和前提，又是促进组织具有持续组织绩效和竞争优势的来源，对高校改革创新创业教育提升大学生创业能力非常重要。

结合资源拼凑理论和创新理论来看，协同创新的前提和基础在于，实现创新目标所需要的资源分散在不同的组织中。郭润萍和蔡莉对 279 家中国高新技术企业的数据进行分析，发现灵活型知识整合有助于多样化知识的吸收和转化以构建探索机会的能力，效率型知识整合则有助于构建利用机会的能力。因此，要想培养创新型人才，实现互利共赢的目标，高校可以借助校企协同行为，将不同组织所拥有的资源进行拼凑，创造性地利用可获取的资源和自身资源，以打破原有的资源限制或冗余惯例，通过利用式资源拼凑挖掘资源的新用途和价值、探索式资源拼凑实现资源新组合，使同质资源产生差异化价值，直接满足学生创业活动的需求，为培养学生创业能力提供各类教育资源；企业借助高校的技术和人才资源，在不增加投入的条件下，实现产品和服务的创新，或得到更好的融资渠道，从而获取竞争优势，提升企业价值，这样企业就会更加积极地融入校企协同创新活动中，就能够为大学生的创业能力发展提供源源不断的教育资源支持。高校冲破资源限制后，不断提升其创新创业教育水平，通过引进师资、设备等创新创业教育资源，提高教师从业水平和学生参与创业的热情，同时创新人才培养模式，还有可能在获得国家和社会、企业的好评后，得到更多的外界支持来帮助学生提升创业能力，如得到更多的项目和资金支持，从而形成良性循环。基于上述探讨，本研究提出以下假设。

H3：资源拼凑对大学生创业能力具有正向影响；

H3a：利用式资源拼凑对大学生创业能力具有正向影响；

H3b：探索式资源拼凑对大学生创业能力具有正向影响。

4.1.4 资源拼凑的中介效应假设

通过文献梳理和理论分析发现，校企两大主体间资源的拼凑过程实际上就是两者建立深度协作关系的协同创新过程。资源拼凑的过程和校企协同创新是在同一过程中实现的，因此研究资源是如何在协同过程中进行创造性利用的，是成功培养创新型人才、实现互利共赢目标的关键。从校企协同实践中来看，影响大学生创业能力的资源有教学资源、实践资源、政策资源、社会资源等，根据创新主体的不同，这四类资源存在着明显的差异性：政府主要偏重政策资源，学校主要偏重教学资源，企业主要偏重实践资源和社会资源。各类资源主体都具有自己的运营方式和期望，也都倾向于从自身的利益出发来开发最实惠的资源，各行其政、各有章法地进行资源挖掘，难以做到对资源进行有效的规划和整合，没有形成竞争优势，也没有完全转化为组织的创新能力。同时，政府资源和社会资源难以融合到高校创新创业教育中，导致资源覆盖缺位，也就难以全面地满足大学生创业能力发展的需求，不利于大学生创业能力的提高。但是，通过利用式资源拼凑和探索式资源拼凑来打破原有的资源限制或冗余惯例，形成对校企主体更有价值的新资源形态和结构，资源拼凑不仅提高了校企协同的有效性，还显著增强了大学生创业能力的效应。基于上述探讨，本研究提出以下假设。

H4：资源拼凑在校企协同行为和大学生创业能力之间存在中介效应作用。

4.1.5 创业政策的调节效应假设

校企协同创新是提升国家战略能力的重要途径。有学者从资源理论出发，将产学研协同创新看作一种活动并给出了定义，即协同创新主体投入自身的优势资源和能力，在政府、中介机构等相关主体的支持下，进行技术开发的协同活动。另有学者认为，创业政策是直接影响一个国家或地区的创业活动水平的手段或策略。有研究回收564份有效问卷，通过因子分析发现商务支持、金融支持、创业教育、配套措施、创业文化这五类创业政策都对大学生的创业动力有显著正向影响，其中金融支持和配套措施的影响最为显著。

一个组织的外部利益相关者也可以影响其实现组织目标，因为校企协同创新的效果会直接影响国家的科技进步贡献率和创新指数，具体表现为以下两个方面：一是校企协同有助于培养大学生的创业意识，进而实现创业带动就业。自 2020 年以来，全球经济受到冲击，导致原本就存在供需矛盾的就业市场形势更加严峻，而通过校企协同活动，可以培养大学生的创新意识与创新精神，提升他们的创业能力，进而提高大学生的创业成功率。创业不仅可以将科技创意转化为实际生产力，还可以创造新的市场和就业岗位，为更多大学生提供更高质量的就业机会。二是随着国际竞争的日益激烈化，创新在社会经济发展中所占比重越来越高。芯片等"卡脖子"技术、碳中和都已经成为影响整个国家的社会经济发展的重要因素，学界已普遍认识到创新是一个国家兴旺发达的不竭动力。高校和企业必须担负起相应的社会责任，因为创新不仅是内在发展的驱动力，也是国家发展战略的要求。基于上述探讨，本研究提出以下假设。

H5：创业政策在校企协同行为和大学生创业能力之间具有调节作用。

4.1.6　校园创新氛围的调节效应假设

从组织层面来看，校企两大主体间的深度协同行为可以实现跨组织的优势互补和价值创造，打通从基础技术研究到产业化之间的瓶颈，达到培养创新型人才、实现互利共赢的共同目标。研究发现，组织培育的信任文化可以激励员工开展协同行为。从创新链上来看，高校和企业在协同过程中涉及不同来源、不同层次、不同结构资源的识别、获取和重构问题，必然会受到来自创业环境的调节。古家军和沈晓斌在研究中发现，组织创新激励、组织支持、外在导向等创业气氛的建立更有利于提高协同绩效。

从个体层面来看，外部社会环境通过影响创业者特性、技能和知识等方面对创业能力的形成发挥重要的作用。赵兴庐和张建琦发现，组织学习氛围越浓厚，越能激发员工的创新行动。大学生对创业能力的需求不是一成不变的，随着创业活动的不断发展，不同类型的商业模式、不同阶段的创业对创业能力的要求都是不一样的，外部的环境，尤其是校园创新氛围对大学生的创业能力有重要影响。有研究通过对 600 名在校大学生和毕业 2 年内的大学生进行问卷调查，对所得数据采用因子分析法处理，得出创业文化对提升大学生创业能力有明显的促进作用的结论。由此可见，学校对创业的态度直接影响大学生的创业能力。和谐的校园创新氛围有助于引导高校学生创业者树立正确的价值观，培养良好的创业精神，激发浓郁的创业兴趣，产生良好的创业动机，从而有效提升整体创业能力。据此，本研究提出以下假设。

H6：校园创新氛围在校企协同行为和大学生创业能力之间具有调节作用。

综上所述，在构建了本研究的概念模型后，提出本文的研究假设，以上假设汇总及预测方向如表 4.1 所示。

表 4.1　研究假设汇总

研究假设	预测方向
H1	校企协同行为对大学生创业能力具有正向影响
H1a	教学资源对大学生创业能力具有正向影响
H1b	实践资源对大学生创业能力具有正向影响
H1c	文化资源对大学生创业能力具有正向影响
H1d	社会资源对大学生创业能力具有正向影响
H2	校企协同行为对资源拼凑具有正向影响
H2a	教学资源对资源拼凑具有正向影响
H2b	实践资源对资源拼凑具有正向影响
H2c	文化资源对资源拼凑具有正向影响
H2d	社会资源对资源拼凑具有正向影响
H3	资源拼凑对大学生创业能力具有正向影响
H3a	利用式资源拼凑对大学生创业能力具有正向影响
H3b	探索式资源拼凑对大学生创业能力具有正向影响
H4	资源拼凑在校企协同行为和大学生创业能力之间存在中介效应作用
H5	创业政策在校企协同行为和大学生创业能力之间具有调节作用
H6	校园创新氛围在校企协同行为和大学生创业能力之间具有调节作用

4.2　理论分析框架

4.2.1　校企协同创新中校企协同行为与资源拼凑的关系

4.2.1.1　校企协同创新的协同行为过程

校企协同行为是指高校和企业为实现协同创新的目标，在创业政策的驱动下，通过深度协作，促进各类资源的跨组织获取和融合的一系列活动总和。校企协同行为可以保证校企协同创新过程中资源整合的顺利实现。校企协同行为是校企协同创新过程中对资源和关系进行协调的活动，是校企协同创新过程中不可缺少的组成部分，也是主体进行协同以获取创新能力和提升资源整合的过程性活动，直接影响创新资源的有效整合。

4.2.1.2　校企协同创新的资源拼凑过程

学者们普遍认为，协同创新中的单一主体并不具有创新活动的所有资源，需要获取协同组织的异质资源，并在此基础上利用式资源拼凑和探索式资源拼凑以形成协同创新能力，这就是资源拼凑的过程。

通过梳理文献，本研究认为校企协同创新中的资源拼凑过程与企业—企业协同创新和学校—学校协同创新中的资源拼凑过程有显著区别。企业—企业协同创新更多是企业集群的创新集合，是对基本价值链的创新。在这个过程中，资源在创新链的相同位置进行纵向拼凑，资源会自动吸引到一起，完成多企业的自动聚集，实现技术创新、产品创新、市场创新和产业融合。学校—学校协同创新中，每一所高校都是基于优势学科，进行校际合作来实现资源共享，更关注的是科学研究和办学能力；资源的选取和共享一般具有内在的一致性和吸引力，因其相似性而降低了资源流动的难度。而校企协同创新中的资源整合与上述 2 种协同创新类型不同，其创新资源需要在不同类型组织间进行选取，而不是自动识别与匹配。因此，校企协同创新中的资源整合过程较为复杂。

4.2.1.3　校企协同创新中资源整合的重要作用

从资源的视角来看，校企协同创新是创新链的关键环节，实质上是多种资源沿着创新链的优化配置与增值过程。协同创新的过程是资源拼凑的过程，也是关系重构与深化的过程。为了适应环境变化并满足自身发展和竞争的需要，组织资源必须进行调整和整合，从而实现组织目标。组织创新可以理解为一种逻辑过程，即对组织所拥有资源进行重新选择与整合。

对于校企协同创新而言，整合创新链中的知识创新和技术创新过程，就是激发创新链中参与主体的资源来获得突破，达到创造性利用。资源本身不能自行产生价值，需要深挖它的价值和用途，或者需要与其他资源进行协同合作实现互补增值。从校企协同实践中来看，协同主体内部拥有大量资源，但这些资源既没有形成竞争优势，也没有完全转化成组织的创新能力，造成了资源的冗余。因此，通过利用式资源拼凑和探索式资源拼凑来打破原有的资源冗余惯例，形成新的资源形态和结构对校企协同创新显得更为必要。由此可知，资源拼凑对校企协同创新具有内在的意义。

4.2.2　校企协同创新的动力分析

4.2.2.1　基于利益相关者理论的分析

政府、高校、企业是不同性质的组织，每个资源主体在资源协同合作过程中存在着不同的利益考量，有着不同的价值诉求。基于利益相关者理论，高校和企业协同创新的动力基础，一是校企协同可以提高利益相关者的利益，实现优势互补和价值创造，培养创新型人才，实现互利共赢。校企协同创新是为了打通从基础技术研究到产业化之间的瓶颈，实现关键性技术的突破和应用。企业希望通过与高校协同创新，从关键性技术创新中获得利润及技术储备；高校则希望通过与企业的协同创新引发关键性技术的突破来促进人才培养，并反过来推进科学研究和基础技术的研发。二是资源拼凑可以打破高校和企业原有的资源限制或冗余惯例，形成新的资源形态和结构，以最低的成本提高利益相关者的利益。资源拼凑过程中，企业借助高校的技术和人才资源，在不增加投入的情况下可能会实现产品和服务的创新，或获得更好的融资渠道，从而获取竞争优势，提升企业价值；高校借助企业的平台、设备和资金优势，可以丰富创新创业教育资源，提高教师从业水平和学生参与创业的热情，创新人才培养模式，由此获得企业、社会乃至国家的好评，从而得到更多的外界支持来帮助学生提升创业能力，得到更多的项目和资金支持。对国家的外部利益者而言，企业的创新活动是推动社会经济发展的引擎，高校创新创业教育水平的提升可以为国家培养更多的创新型人才，大学生的创业行为不仅可以提高科技发展水平，还可以带来更多的就业岗位以缓解就业压力。

4.2.2.2　从资源投放的逻辑进行分析

在校企协同培养创新型人才，实现互利共赢的共同目标的过程中，不同的资源主体在实际中拥有差异化的资源。那么主体之间为了实现这个目标是按照什么逻辑决定资源投放的呢？一是优先投放自身较为富余的资源。在投放资源的过程中，若某一资源主体在某一领域拥有较为富余的资源，对该领域的资源投放动力必然会增大；反之，当某类资源本身已经十分拮据时，再将其投放到大学生创业中的动力将会减小。譬如，实力雄厚的大企业在投放资源的过程中拥有相对富余的资金和场地资源，能够组织各类创业赛事并提供奖励或扶持资金，以此吸引高层次项目入驻孵化器，新建各类孵化载体的动力也会极大增强，但小企业拥有的培训资源、技术资源、人才资源等相对薄弱，因此从自身资源出发在该领域投入的动力就相对较小。二是优先投入回报可获得性较大的资源。当高校和企业发现在某一领域可挖掘的空间还非常大，且回报具有可获得性时，往往资源的投放动力也就越大；反之，当继续挖掘的空间已经完全被获得，或者空间小到无法看到回报时，则会减小在该领域投放的动力。譬如，投资类企业在协同的过程中，发现高校学生的创业项目及自身的创业能力的潜在竞争力越强，投放资金的动力与可能性也就越大。此外，当高校和企业在某一领域的投资已初见成效，以此为基础还能获得更大回报时，将会吸引更多的资源来支持创业。

4.2.3　基于资源拼凑的校企协同对大学生创业能力的影响机制架构

校企两大主体间资源的拼凑过程实际上就是两者建立深度的协作关系的协同创新过程。通过整理文献发现，学者们普遍认为参与协同创新的单个主体都会面临资源匮乏、不足或者同质性强等资源约束问题，任意一个创新活动主体不可能具备所有需要的创新资源，因此要想实现创新目标就需要获取外部的异质性资源或者优质资源。而向外部组织获取或交换资源的协同行为又会受到资源拼凑方式的影响，采用利用式资源拼凑或探索式资源拼凑会直接作用于资源的整合效果，这就是校企协同创新中资源拼凑发生的过程，即资源拼凑是在校企协同创新互动的一系列行为过程中完成的，协同主体深度协同互动的过程就是发生资源拼凑的过程，如图4.1所示。

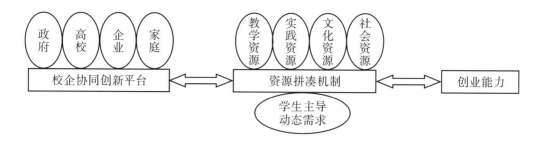

图 4.1　基于资源拼凑的校企协同对大学生创业能力的影响机制架构

4.3　研究模型

本研究借鉴已有研究，将教学资源、实践资源、文化资源和社会资源 4 个维度作为校企协同行为的二阶构念，分析校企协同行为、资源拼凑及分维度对大学生创业能力的影响差异，以及创业政策、校园创新氛围发挥的影响作用，并解释这些差异和作用，从而说明大学生创业能力提升的内在机理。根据以上论述，本研究制定了实证研究模型，如图 4.2 所示。

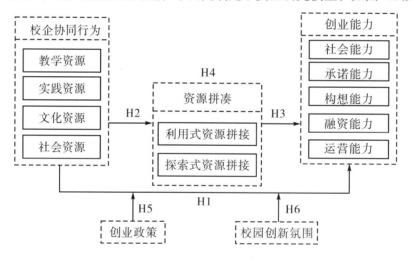

图 4.2　实证研究模型

本章小结

本章构建了校企协同行为、资源拼凑、创业政策、校园创新氛围与创业能力等作用关系的模型。通过定义各变量与结构维度，阐述了校企协同行为、资源拼凑、创业政策、校园创新氛围与创业能力之间的关系，并提出了相应的研究假设。

第五章　问卷设计与小样本测试

5.1　问卷设计的原则和过程

5.1.1　问卷设计的原则

问卷内容设计应采用开放式和限制式的问题，根据研究性质来提出问题，切合研究假设的需要，问题要言简意赅并通俗易懂，以免让被访者不知如何作答。另外，所提问题不要太抽象、太特殊、太笼统、太复杂，更不要把问题理论化，应在被访者的知识与能力范围内。在过往文献研究中已经开发和使用过的量表一般具有较高的信度和效度，且认可度较高，沿用现有的量表则具有一定的优势。此外，应注意不同国家背景下开发的量表所产生的文化差异，不能随意删改题项。校企协同行为、资源拼凑、大学生创业能力、创业政策、校园创新氛围都有较成熟的量表可以借鉴。

5.1.2　问卷设计的过程

（1）文献检索与收集。充分构思研究框架，确定每个变量的操作定义。本研究运用关键字检索法，从各个资料库收集中英文文献，并对相关文献进行整理和分析，探索有关校企协同行为、资源拼凑、大学生创业能力、创业政策、校园创新氛围之间作用机制的理论框架，在此基础上确定研究模型和研究假设。

（2）结合文献回顾借鉴成熟量表。通过阅读文献，收集、归纳本研究相关变量的测量量表。为了确保所选量表符合本研究需要，邀请部分本领域研究者、相关企业管理人员和参与校企合作的学生对本研究的概念框架及变量的定义、量表进行意见征求和讨论。

（3）根据应用情境设计本研究的量表。为了确保量表能够被大学生很好地理解，按照应用情境对选用的成熟量表进行完善，最终设计形成本研究的量表。

5.2　变量的量化与测量

5.2.1　校企协同行为

通过对创新创业教育内涵、目标、内容和评估等方面的文献进行梳理和分析，结合前人的研究成果，本研究从创业型人才的能力培养过程出发，借鉴任泽中的测量量表，并基于被调研和访谈对象更能理解的角度，选取教学资源、实践资源、文化资源、社会资源这四类教育资源进行测量，共18个测量题项，见表5.2。

表 5.2　校企协同行为测量题项

变量	测量题项
教学资源	1. 学校有很多关于创业的课程
	2. 学校的创新创业类教学活动丰富
	3. 学校有丰富的创业师资团队
	4. 学校建立了创新创业相关的信息服务平台
	5. 创新创业要素融入了专业课程
实践资源	1. 以前参加过一些诸如创业大赛之类的活动
	2. 以前有过一定的就业创业实习或工作经历
	3. 以前有过一定的创业实践孵化经历
	4. 校内外建立了有效的创业孵化器
文化资源	1. 所处的城市创业氛围浓厚
	2. 社会上普遍鼓励首创精神
	3. 学校和实习见习企业很支持创业
	4. 学校政策鼓励创造和创新创业
社会资源	1. 所在城市风险投资和金融机构活跃程度很高
	2. 参与校企协同会容易获得外部的科技帮助和科技成果
	3. 参与校企协同会容易获得创业所需的信息资源
	4. 参与校企协同有助于拥有社会网络及其人脉资源
	5. 参与校企协同有助于具有良好的上下游客户关系资源

5.2.2　资源拼凑

在资源拼凑的量化与测量方面,本研究所用量表借鉴了 Senyard 等的测量量表(该量表被孙永磊等证实具有较高的信效度和中国情景下的有效性),变量可分为 2 个维度:利用式资源拼凑和探索式资源拼凑,包括 6 个测量题项,具体见表 5.3。

表 5.3　资源拼凑的测量题项

变量	测量题项
利用式资源拼凑	1. 我有信心通过对现有资源既定认知的利用找出可行的解决方案
	2. 和其他企业相比,我能利用现有的资源应对更多的挑战
	3. 我善于利用现有的资源来应对发展中的新问题或新机会

续表

变量	测量题项
探索式资源拼凑	1. 我通常都会做出行动并假设能够找到可行的解决方案
	2. 当面对新挑战时，我有信心能够通过对现有资源的创造性整合获得可行的解决方案
	3. 我能够通过改变资源的用途以及开发新的资源来应对发展过程中的新挑战

5.2.3 创业能力

通过整理文献发现，有关创业能力构成要素的研究成果很丰富，用创业能力来测量创新创业教育的效果也被学者们认可。

在创业能力的测量方面，本研究所用量表借鉴了 Man 等和 Hazlina 的测量量表（该量表被谢雅萍等验证具有较高的信效度和中国情景下的有效性），变量可分为 5 个维度：机会能力、融资能力、承诺能力、构想能力和运营能力，包括 16 个测量题项，具体见表 5.4。

表 5.4　创业能力的测量题项

变量	测量题项
机会能力	1. 我可以识别具有潜力的市场领域
	2. 我能够评估潜在商业机会的优势和劣势
	3. 我能够抓住高质量的商业机会并加以实施
融资能力	1. 我能够开发有效途径进行融资
	2. 我能够利用各种方式进行融资
	3. 我能够顺利获得政府的政策和财政扶持
承诺能力	1. 我可以忍受工作中的各种压力和意想不到的变动
	2. 即使面临逆境我也会坚持
	3. 我将遵守诺言，在市场活动和企业管理中做到公平、开明、诚实
构想能力	1. 我能将相关想法、问题和从不同资源中观察到的事实连接在一起
	2. 我会及时调整企业的战略目标和经营思路
	3. 我能准确对企业在市场中的地位进行再定位
运营能力	1. 我能有效地领导、监督、激励员工
	2. 我能合理配置企业内部人、财、物等各种资源
	3. 我能与有关键资源的人建立并维持关系
	4. 我能够及时采取补救措施来解决公司运营的问题和困难

5.2.4　创业政策

在创业政策的测量方面，本研究所用量表借鉴了代凤美创业环境测量量表中的政府政策维度，以及袁建文的知识产权保护政策量表，具有较高的信效度和中国情景下的有效性，包括 5 个测量题项，见表 5.5。

表 5.5　创业政策的测量题项

变量	测量题项
创业政策	1. 政府提供便利的创业手续和流程
	2. 政府有完善的创业制度规范创业行为，保障创业成果
	3. 知识产权保护政策实施效果显著
	4. 政府给创业者提供优惠的创业税收政策
	5. 学校或政府提供的创业基金或补贴较容易获得

5.2.5　校园创新氛围

在校园创新氛围的测量方面，本研究的实际所用量表借鉴了其他文献中组织创新氛围测量量表中的激励机制维度，并按照研究情境进行了调整，使之具有较高的信效度和中国情景下的有效性，包括 4 个测量题项，见表 5.6。

表 5.6　校园创新氛围的测量题项

变量	测量题项
校园创新氛围	1. 学校的政策制度使大家富于创新热情
	2. 学校鼓励学生提出有创意的点子
	3. 学校的奖励制度有效地促进了创新
	4. 学生有合理的创新想法，学校会给予支持

5.3　小样本测试

本研究于 2022 年 5 月在全国各地高校选取了 362 名参与校企合作教育的学生进行问卷调查小样本测试，包括毕业实习、订单班和在校参加企业提供的项目等多种类型的学生，共发放问卷 362 份，回收 362 份，回收率 100%。回收后根据以下原则剔除：问卷有多处空白的不予采用；填写前后有矛盾的不予采用；问卷填写的选项全部一样或绝大部分一样的不予采用。最终确定有效问卷 339 份，问卷有效率为 93.65%。

5.3.1　小样本测试的标准与程序

本研究首先剔除信度较低的条款，即对各潜变量的测量条款进行净化，然后通过再测法、复本相关法、折半法、系数法等检测小样本的信度。本研究采用纠正条款的总相关系数，也就是进行测量条款的净化方法为绝对值小于 0.5，且删除后可以将增加值的条款予以删除。本研究以净化测量条款为标准，利用信度系数法来测量条款的信度，信度系数越大，表明测量的可信程度越高。

5.3.2 小样本信度与效度评价

小样本信度检验的标准为：CITC 值大于 0.4，克隆巴赫系数大于 0.9，且删除对应项后项已删除的 α 系数无明显提高。小样本效度检验的标准为：KMO 值大于 0.8。

5.3.2.1 校企协同行为量表的净化与信度分析及探索性因子分析

（1）CITC 及信度分析。

从表 5.7 和表 5.8 可知，克隆巴赫系数为 0.954，大于 0.9，说明研究数据信度质量很高。从结果来看，任何题项被删除，项已删除的 α 系数都不会有较为明显的上升，不考虑对任何题项进行修正或者删除。

针对 CITC 值，分析项的 CITC 值均大于 0.4，说明分析项之间具有良好的相关性，同时也说明信度水平良好。综上所述，数据信度质量高，可用于进一步分析。

表 5.7 校企协同行为量表的克隆巴赫系数

克隆巴赫系数	基于标准化项目的克隆巴赫系数	项目个数
0.954	0.954	16

表 5.8 校企协同行为量表的 CITC 及信度分析

名称	校正项总计相关性（CITC）	项已删除的 α 系数	克隆巴赫系数
1. 学校、企业为我提供了丰富的创新创业类学习活动	0.669	0.952	0.954
2. 学校、企业有丰富的创业师资团队	0.669	0.952	
3. 学校和企业建立了创新创业相关的信息服务平台	0.707	0.952	
4. 创新创业要素融入了校企合作课程	0.795	0.95	
5. 参加校企合作后，参加过一些诸如创业大赛之类的活动	0.710	0.952	
6. 参加校企合作后，有过一定的就业创业实习或工作经历	0.679	0.953	
7. 参加校企合作后，有过一定的创业实践孵化经历	0.717	0.952	
8. 校内外建立了有效的创业孵化器	0.794	0.95	
9. 校企合作的创业氛围浓厚	0.826	0.949	

续表

名称	校正项总计相关性（CITC）	项已删除的α系数	克隆巴赫系数
10. 社会上普遍鼓励校企合作	0.744	0.951	
11. 父母或亲人很支持创业	0.551	0.955	
12. 当地文化鼓励创造和创新、鼓励承担风险	0.726	0.951	
13. 风险投资和金融机构活跃程度很高	0.772	0.951	0.954
14. 参加校企合作后，容易获得外部的科技帮助和科技成果	0.807	0.95	
15. 参加校企合作后，容易获得创业所需的信息资源	0.808	0.95	
16. 参加校企合作后，拥有良好的社会网络及人脉资源	0.769	0.951	

（2）KMO 值与巴特利特球形检验。

使用 KMO 和巴特利特球形检验进行效度验证，从表 5.9 可看出：KMO 值为 0.945，大于 0.8，研究数据效度非常好。巴特利特球形检验的 P 值小于 0.001，符合进行探索性因子分析的条件，可以进行下一步分析。

表 5.9　KMO 值与巴特利特球形检验

KMO 值	卡方	df	P 值
0.945	4878.913	120	0.000

（3）校企协同量表的探索性因子分析。

从表 5.10 可知，所有研究项对应的共同度值均高于 0.4，说明各研究项信息可以被有效地提取。另外，KMO 值为 0.945，大于 0.6，意味着数据具有效度。另外，3 个因子的旋转后方差解释率分别是 27.994%、25.993%、20.020%，因子 3 旋转后累积方差解释率为 74.007%，大于 50%，意味着研究项的信息量可以被有效地提取出来。最后，分析项因子载荷系数绝对值大于 0.4 的，说明选项和因子有对应关系，符合研究要求。

表 5.10　校企协同行为量表探索性因子检验

名称	因子载荷系数			共同度（公因子方差）
	因子 1	因子 2	因子 3	
1. 学校、企业为我提供了丰富的创新创业类学习活动	0.224	0.809	0.184	0.739
2. 学校、企业有丰富的创业师资团队	0.246	0.834	0.183	0.789
3. 学校和企业建立了创新创业相关的信息服务平台	0.276	0.835	0.165	0.801

续表

名称	因子载荷系数			共同度（公因子方差）
	因子1	因子2	因子3	
4. 创新创业要素融入了校企合作课程	0.386	0.672	0.371	0.738
5. 参加校企合作后，参加过一些诸如创业大赛之类的活动	0.262	0.398	0.683	0.693
6. 参加校企合作后，有过一定的就业创业实习或工作经历	0.282	0.165	0.873	0.868
7. 参加校企合作后，有过一定的创业实践孵化经历	0.331	0.184	0.855	0.874
8. 校内外建立了有效的创业孵化器	0.409	0.53	0.505	0.704
9. 校企合作的创业氛围浓厚	0.488	0.538	0.458	0.737
10. 社会上普遍鼓励校企合作	0.537	0.473	0.325	0.618
11. 父母或亲人很支持创业	0.731	0.049	0.208	0.58
12. 当地文化鼓励创造和创新、鼓励承担风险	0.748	0.336	0.182	0.706
13. 风险投资和金融机构活跃程度很高	0.719	0.321	0.323	0.724
14. 参加校企合作后，容易获得外部的科技帮助和科技成果	0.757	0.38	0.273	0.792
15. 参加校企合作后，容易获得创业所需的信息资源	0.722	0.384	0.315	0.768
16. 参加校企合作后，拥有良好的社会网络及人脉资源	0.697	0.369	0.297	0.71
特征根值（旋转前）	9.595	1.237	1.009	—
方差解释率（旋转前，%）	59.969	7.731	6.307	—
累积方差解释率（旋转前，%）	59.969	67.701	74.007	—
特征根值（旋转后）	4.479	4.159	3.230	—
方差解释率（旋转后，%）	27.994	25.993	20.020	—
累积方差解释率（旋转后，%）	27.994	53.987	74.007	—
KMO 值	0.945			—
巴特球形值	4878.913			—
df	120			—
P 值	0.000			—

5.3.2.2　资源拼凑量表的净化与信度分析及探索性因子分析

（1）CITC 及信度分析。

从表 5.11 和 5.12 可知，资源拼凑量表的克隆巴赫系数值为 0.957，大于 0.9，说明研究数据信度质量很高。从结果来看，任意题项被删除后，项已删除的 α 系数都不会有明显的上升，说明题项不应该被删除。

针对CITC值，分析项的CITC值均大于0.4，说明分析项之间具有良好的相关性，同时也说明信度水平良好。综上所述，研究数据信度系数值高于0.9，说明数据信度质量高，可用于进一步分析。

表5.11　资源拼凑量表的克隆巴赫系数

克隆巴赫系数	基于标准化项目的克隆巴赫系数	项目个数
0.957	0.957	6

表5.12　资源拼凑量表的CITC及信度分析

名称	校正项总计相关性（CITC）	项已删除的 α 系数	克隆巴赫系数
1. 我有信心通过对现有资源既定认知的利用找出可行的解决方案	0.827	0.954	0.957
2. 和其他人相比，我能利用现有的资源去应对更多的挑战	0.846	0.952	
3. 我善于利用现有的资源来应对创业中的新问题或新机会	0.883	0.948	
4. 我通常都会做出行动并假设能够找到可行的解决方案	0.896	0.946	
5. 当面对新挑战时，我有信心能够通过对现有资源的创造性整合来获得可行的解决方案	0.878	0.948	
6. 我能够通过改变资源的用途以及开发新的资源来应对发展过程中的新挑战	0.869	0.949	

（2）KMO值与巴特利特球形检验。

使用KMO和巴特利特球形检验进行效度验证，从表5.13可以看出：校企协同行为量表KMO值为0.911，大于0.8，研究数据效度非常好。巴特利特球形检验的 P 值小于0.001，符合进行探索性因子分析的条件，可以进行下一步分析。

表5.13　KMO值与巴特利特球形检验

KMO值	卡方	df	P 值
0.911	1265.114	15	0.000

（3）资源拼凑量表的探索性因子分析。

从表5.14可知，所有研究项对应的共同度值均高于0.4，说明各研究项信息可以被有效地提取。另外，KMO值为0.911，大于0.6，意味着数据具有效度。1个因子的旋转前后方差解释率是82.553%，旋转后累积方差解释率为82.553%，大于50%，意味着研究项的信息量可以被有效地提取出来。最后，分析项因子载荷系数绝对值大于0.4的，说明选项和因子有对应关系，符合研究要求。

表 5.14　资源拼凑探索性因子检验

名称	因子载荷系数	共同度
	因子 1	（公因子方差）
1. 我们有信心通过对现有资源既定认知的利用找出可行的解决方案	0.878	0.771
2. 和其他人相比，我们能利用现有的资源应对更多的挑战	0.893	0.798
3. 我们善于利用现有的资源来应对创业中的新问题或新机会	0.920	0.846
4. 我们通常都会做出行动并假设能够找到可行的解决方案	0.930	0.866
5. 当面对新挑战时，我们有信心能够通过对现有资源的创造性整合获得可行的解决方案	0.918	0.842
6. 我们能够通过改变资源的用途以及开发新的资源来应对发展过程中的新挑战	0.911	0.83
特征根值（旋转前）	4.953	—
方差解释率（旋转前，%）	82.553	—
累积方差解释率（旋转前，%）	82.553	—
特征根值（旋转后）	4.953	—
方差解释率（旋转后，%）	82.553	—
累积方差解释率（旋转后，%）	82.553	—
KMO 值	0.911	—
巴特球形值	2365.114	—
df	15	—
P 值	0	—

5.3.2.3　创业能力量表的净化与信度分析及探索性因子分析

（1）CITC 及信度分析。

从表 5.15 和表 5.16 可知，创业能力量表的克隆巴赫系数值为 0.967，大于 0.9，说明研究数据信度质量很高。从结果来看，任何题项被删除，项已删除的 α 系数都不会有较为明显的上升，因此不考虑对任何题项进行修正或者删除。

针对 CITC 值，分析项的 CITC 值均大于 0.4，说明分析项之间具有良好的相关性，同时也说明信度水平良好。综上所述，数据信度质量高，可用于进一步分析。

表 5.15　创业能力量表的克隆巴赫系数

克隆巴赫系数	基于标准化项目的克隆巴赫系数	项目个数
0.967	0.967	16

表 5.16 创业能力量表的 CITC 及信度分析

名称	校正项总计相关性（CITC）	项已删除的 α 系数	克隆巴赫系数
1. 我可以识别具有潜力的市场领域	0.778	0.965	
2. 我能够评估潜在商业机会的优势和劣势	0.803	0.964	
3. 我能够抓住高质量的商业机会并加以实施	0.807	0.964	
4. 我能够开发有效途径进行融资	0.736	0.966	
5. 我能够利用各种方式进行融资	0.745	0.965	
6. 我能够顺利获得政府的政策和财政扶持	0.770	0.965	
7. 我可以忍受工作中的各种压力和意想不到的变动	0.822	0.964	
8. 即使面临逆境我也会坚持	0.785	0.965	
9. 我将遵守诺言，在市场活动和企业管理中做到公平、开明、诚实	0.555	0.969	0.967
10. 我能将相关想法、问题和从不同资源中观察到的连接在一起	0.860	0.964	
11. 我会及时调整企业的战略目标和经营思路	0.823	0.964	
12. 我能准确对企业在市场中的地位进行再定位	0.833	0.964	
13. 我能有效地领导、监督、激励员工	0.833	0.964	
14. 我能合理配置企业内部人、财、物等各种资源	0.816	0.964	
15. 我能与有关键资源的人建立并维持关系	0.834	0.964	
16. 我能够及时采取补救措施来解决公司运营的问题和困难	0.853	0.964	

（2）KMO 值与巴特利特球形检验。

使用 KMO 和巴特利特球形检验进行效度验证，从表 5.17 可以看出：创业能力量表 KMO 值为 0.958，大于 0.8，研究数据效度非常好。巴特利特球形检验的 P 值小于 0.001，符合进行探索性因子分析的条件，可以进行下一步分析。

表 5.17 KMO 值与巴特利特球形检验

KMO 值	卡方	df	P 值
0.958	6446.168	120	0.000

（3）创业能力量表的探索性因子分析。

从表 5.18 可知，创业能力量表所有研究项对应的共同度值均高于 0.4，说明各研究项信息可以被有效地提取。另外，KMO 值为 0.958，大于 0.6，意味着数据具有效度。2 个因子的旋转后方差解释率分别是 41.749%、35.754%，因子 2 旋转后累积方差解释率为 77.503%，大于 50%，意味着研究项的信息量可以被有效地提取出来。最后，分析项因子载荷系数绝对值大于 0.4 的，说明选项和因子有对应关系，符合研究要求。

表 5.18 创业能力探索性因子检验

名称	因子载荷系数		共同度（公因子方差）
	因子 1	因子 2	
1. 我可以识别具有潜力的市场领域	0.398	0.764	0.741
2. 我能够评估潜在商业机会的优势和劣势	0.402	0.794	0.792
3. 我能够抓住高质量的商业机会并加以实施	0.355	0.85	0.849
4. 我能够开发有效途径进行融资	0.241	0.879	0.831
5. 我能够利用各种方式进行融资	0.265	0.866	0.821
6. 我能够顺利获得政府的政策和财政扶持	0.343	0.815	0.782
7. 我可以忍受工作中的各种压力和意想不到的变动	0.741	0.441	0.744
8. 即使面临逆境我也会坚持	0.796	0.331	0.743
9. 我将遵守诺言，在市场活动和企业管理中做到公平、开明、诚实	0.777	0.028	0.605
10. 我能将相关想法、问题和从不同资源中观察到的事实连接在一起	0.84	0.345	0.825
11. 我会及时调整企业的战略目标和经营思路	0.729	0.459	0.743
12. 我能准确对企业在市场中的地位进行再定位	0.727	0.512	0.791
13. 我能有效地领导、监督、激励员工	0.763	0.435	0.722
14. 我能合理配置企业内部人、财、物等各种资源	0.765	0.411	0.735
15. 我能与有关键资源的人建立并维持关系	0.816	0.377	0.808
16. 我能够及时采取补救措施来解决公司运营的问题和困难	0.775	0.448	0.801
特征根值（旋转前）	10.781	1.619	—
方差解释率（旋转前，%）	67.382	10.121	—
累积方差解释率（旋转前，%）	67.382	77.503	—
特征根值（旋转后）	6.68	5.721	—

续表

名称	因子载荷系数		共同度
	因子 1	因子 2	（公因子方差）
方差解释率（旋转后，%）	41.749	35.754	—
累积方差解释率（旋转后，%）	41.749	77.503	—
KMO 值	0.958		—
巴特球形值	6448.168		—
df	120		—
P 值	0		—

5.3.2.4 创业政策量表的净化与信度分析及探索性因子分析

（1）CITC 及信度分析。

从表 5.19 和表 5.20 可知，克隆巴赫系数值为 0.940，大于 0.9，说明研究数据信度质量很高。任意题项被删除后，项已删除的 α 系数不会有明显的上升，因此说明题项不应该被删除。

针对 CITC 值，分析项的 CITC 值均大于 0.4，说明分析项之间具有良好的相关性，同时也说明信度水平良好。综上所述，数据信度质量高，可用于进一步分析。

表 5.19　创业政策量表的克隆巴赫系数

克隆巴赫系数	基于标准化项目的克隆巴赫系数	项目个数
0.940	0.940	5

表 5.20　创业政策量表的 CITC 及信度分析

名称	校正项总计相关性（CITC）	项已删除的 α 系数	克隆巴赫系数
1. 政府提供便利的创业手续和流程	0.832	0.928	
2. 政府有完善的创业制度规范创业行为，保障创业成果	0.878	0.919	0.940
3. 知识产权保护政策实施效果显著	0.829	0.928	
4. 政府给创业者提供优惠的创业税收政策	0.865	0.922	0.940
5. 学校或政府提供的创业基金或补贴较容易获得	0.789	0.935	

（2）KMO值与巴特利特球形检验。

使用KMO和Bartlett球形检验进行效度验证，从表5.21得知，创业政策量表KMO值为0.873，大于0.8，研究数据效度非常好。巴特利特球形检验的P值小于0.001，符合进行探索性因子分析的条件，可以进行下一步分析。

表5.21　KMO值与巴特利特球形检验

KMO值	卡方	df	P值
0.873	1654.970	10	0.000

（3）创业政策量表的探索性因子分析。

从表5.22可知，所有研究项对应的共同度值均高于0.4，说明各研究项信息可以被有效地提取。另外，KMO值为0.873，大于0.6，意味着数据具有效度。1个因子的旋转后方差解释率是80.722%，旋转后累积方差解释率为80.722%，大于50%，意味着研究项的信息量可以被有效地提取出来。最后，分析项因子载荷系数绝对值大于0.4，说明选项和因子有对应关系，符合研究要求。

表5.22　创业政策探索性因子检验

名称	因子载荷系数 因子1	共同度（公因子方差）
1. 政府提供便利的创业手续和流程	0.894	0.799
2. 政府有完善的创业制度规范创业行为，保障创业成果	0.925	0.856
3. 知识产权保护政策实施效果显著	0.892	0.796
4. 政府给创业者提供优惠的创业税收政策	0.916	0.839
5. 学校或政府提供的创业基金或补贴较容易获得	0.863	0.745
特征根值（旋转前）	4.036	—
方差解释率（旋转前，%）	80.722	—
累积方差解释率（旋转前，%）	80.722	—
特征根值（旋转后）	4.036	—
方差解释率（旋转后，%）	80.722	—
累积方差解释率（旋转后，%）	80.722	—
KMO值	0.873	—
巴特球形值	1654.97	—

续表

名称	因子载荷系数	共同度
	因子 1	（公因子方差）
d*f*	10	—
P 值	0	—

5.3.2.5　校园创新氛围量表的净化与信度分析及探索性因子分析

（1）CITC 及信度分析。

从表 5.23 和表 5.24 可知，克隆巴赫系数值为 0.921，大于 0.9，说明研究数据信度质量很高。从结果来看，任意题项被删除后，项已删除的 α 系数不会有明显的上升，说明题项不应该被删除。

针对 CITC 值，分析项的 CITC 值均大于 0.4，说明分析项之间具有良好的相关性，同时也说明信度水平良好。综上所述，研究数据信度系数值高于 0.9，说明数据信度质量高，可用于进一步分析。

表 5.23　校园创新氛围量表的克隆巴赫系数

克隆巴赫系数	基于标准化项目的克隆巴赫系数	项目个数
0.921	0.921	4

表 5.24　校园创新氛围量表的 CITC 及信度分析

名称	校正项总计相关性（CITC）	项已删除的 α 系数	克隆巴赫系数
1. 学校的政策制度使大家富于创新热情	0.759	0.917	
2. 学校鼓励学生提出有创意的点子	0.857	0.884	
3. 学校的奖励制度有效地促进了创新	0.86	0.883	0.921
4. 学生有合理的创新想法，学校会给予支持	0.798	0.904	

（2）KMO 值与巴特利特球形检验。

使用 KMO 和巴特利特球形检验进行效度验证，从表 5.25 得知：校园创新氛围量表 KMO 值为 0.844，大于 0.8，研究数据效度好。巴特利特球形检验的 *P* 值小于 0.001，符合进行探索性因子分析的条件，可以进行下一步分析。

表 5.25　KMO 值与巴特利特球形检验

KMO 值	卡方	df	*P* 值
0.844	1100.991	6	0.000

（3）校园创新氛围量表的探索性因子分析。

从表 5.26 可知，所有研究项对应的共同度值均高于 0.4，说明量表中研究项信息可以被有效地提取。另外，KMO 值为 0.844，大于 0.6，意味着数据具有效度。1 个因子的旋转前后方差解释率是 80.909%，旋转后累积方差解释率为 80.909%，大于 50%，意味着研究项的信息量可以被有效地提取出来。最后，分析项因子载荷系数绝对值大于 0.4，说明选项和因子有对应关系，符合研究要求。

表 5.26　校园创新氛围探索性因子检验

名称	因子载荷系数	共同度（公因子方差）
	因子 1	
1. 学校的政策制度使大家富于创新热情	0.860	0.740
2. 学校鼓励学生提出有创意的点子	0.923	0.852
3. 学校的奖励制度有效地促进了创新	0.926	0.857
4. 学生有合理的创新想法，学校会给予支持	0.887	0.787
特征根值（旋转前）	3.236	—
方差解释率（旋转前，%）	80.909	—
累积方差解释率（旋转前，%）	80.909	—
特征根值（旋转后）	3.236	—
方差解释率（旋转后，%）	80.909	—
累积方差解释率（旋转后，%）	80.909	—
KMO 值	0.844	—
巴特球形值	1100.991	—
df	6	—
P 值	0	—

5.3.3　正式量表维度与题项的确认

最终校企协同行为、资源拼凑、创业能力、创业政策、校园创新氛围 5 个量表的因子数、信度如表 5.27 所示。

表 5.27　正式量表因子数及信度

变量	因子数	信度
校企协同行为	3	0.954
资源拼凑	1	0.957

续表

变量	因子数	信度
创业能力	2	0.967
创业政策	1	0.940
校园创新氛围	1	0.921

经过以上小样本测试，并向相关专家、学者、受访对象征求意见，删减测量题项2个，情景化调整表述语言、调整问卷条目顺序后，最终形成正式量表，如表5.28所示。

表5.28　最终量表问卷条目

变量		问题	选项评分				
			完全不符合（1分）→完全符合（5分）				
校企协同行为	教学资源	1. 学校、企业为我提供了丰富的创新创业类学习活动	1	2	3	4	5
		2. 学校、企业有丰富的创业师资团队	1	2	3	4	5
		3. 学校和企业建立了创新创业相关的信息服务平台	1	2	3	4	5
		4. 创新创业要素融入了校企合作课程	1	2	3	4	5
	实践资源	1. 参加校企合作后，参加过一些诸如创业大赛之类的活动	1	2	3	4	5
		2. 参加校企合作后，有过一定的就业创业实习或工作经历	1	2	3	4	5
		3. 参加校企合作后，有过一定的创业实践孵化经历	1	2	3	4	5
		4. 校内外建立了有效的创业孵化器	1	2	3	4	5
	文化资源	1. 校企合作的创业氛围浓厚	1	2	3	4	5
		2. 学校和实习见习企业普遍鼓励创新创业	1	2	3	4	5
		3. 父母或亲人很支持创业	1	2	3	4	5
		4. 当地文化鼓励创造和创新、鼓励承担风险	1	2	3	4	5
	社会资源	1. 风险投资和金融机构活跃程度很高	1	2	3	4	5
		2. 参加校企合作后，容易获得外部的科技帮助和科技成果	1	2	3	4	5
		3. 参加校企合作后，容易获得创业所需的信息资源	1	2	3	4	5
		4. 参加校企合作后，拥有良好的社会网络及其人脉资源	1	2	3	4	5

续表

变量		问题	选项评分				
			完全不符合（1分）→完全符合（5分）				
资源拼凑	利用式资源拼凑	1. 我有信心通过对现有资源既定认知的利用找出可行的解决方案	1	2	3	4	5
		2. 和其他人相比，我能利用现有的资源应对更多的挑战	1	2	3	4	5
		3. 我善于利用现有的资源来应对创业中的新问题或新机会	1	2	3	4	5
	探索式资源拼凑	1. 我通常都会做出行动并假设能够找到可行的解决方案	1	2	3	4	5
		2. 当面对新挑战时，我有信心能够通过对现有资源的创造性整合获得可行的解决方案	1	2	3	4	5
		3. 我能够通过改变资源的用途以及开发新的资源来应对发展过程中的新挑战	1	2	3	4	5
创业能力	机会能力	1. 我可以识别具有潜力的市场领域	1	2	3	4	5
		2. 我能够评估潜在商业机会的优势和劣势	1	2	3	4	5
		3. 我能够抓住高质量的商业机会并加以实施	1	2	3	4	5
	融资能力	1. 我能够开发有效途径进行融资	1	2	3	4	5
		2. 我能够利用各种方式进行融资	1	2	3	4	5
		3. 我能够顺利获得政府的政策和财政扶持	1	2	3	4	5
	承诺能力	1. 我可以忍受工作中的各种压力和意想不到的变动	1	2	3	4	5
		2. 即使面临逆境我也会坚持	1	2	3	4	5
		3. 我将遵守诺言，在市场活动和企业管理中做到公平、开明、诚实	1	2	3	4	5
	构想能力	1. 我能将相关想法、问题和从不同资源中观察到的事实连接在一起	1	2	3	4	5
		2. 我会及时调整企业的战略目标和经营思路	1	2	3	4	5
		3. 我能准确对企业在市场中的地位进行再定位	1	2	3	4	5
	运营能力	1. 我能有效地领导、监督、激励员工	1	2	3	4	5
		2. 我能合理配置企业内部人、财、物等各种资源	1	2	3	4	5
		3. 我能与有关键资源的人建立并维持关系	1	2	3	4	5
		4. 我能够及时采取补救措施来解决公司运营的问题和困难	1	2	3	4	5

续表

变量	问题	选项评分				
		完全不符合（1分）→完全符合（5分）				
创业政策	1.政府提供便利的创业手续和流程	1	2	3	4	5
	2.政府有完善的创业制度规范创业行为，保障创业成果	1	2	3	4	5
	3.知识产权保护政策实施效果显著	1	2	3	4	5
	4.政府给创业者提供优惠的创业税收政策	1	2	3	4	5
	5.政府提供的创业基金或补贴较容易获得	1	2	3	4	5
校园创新氛围	1.学校的政策制度使大家富于创新热情	1	2	3	4	5
	2.学校鼓励学生提出有创意的点子	1	2	3	4	5
	3.学校的奖励制度有效地促进了创新	1	2	3	4	5
	4.学生有合理的创新想法，学校会给予支持	1	2	3	4	5

本章小结

本章首先对预测试问卷，尤其是校企协同行为预测试问卷改良的过程进行了说明，其次为保证问卷的信度和效度，对预测试问卷进行了小样本调查，随后根据调查数据对问卷中的5个变量分别进行了信度分析、效度分析和探索性因子分析，并在此基础上进一步删减和净化量表，形成最终问卷。

第六章 问卷调查与实证研究

6.1 调查对象分析

应用型本科高校以培养应用型创新人才为目标，设置服务地方经济与社会发展需求的应用型专业，强调产学研合作教育及实践教学，突出产学研相结合的办学模式，坚持科研与教学相结合，强调应用性开发研究，在这类高校内校企协同对创业教育的影响更大，因此本研究将调查研究对象定位为应用型本科高校。

6.1.1 应用型本科高校的概念和内涵

关于应用型本科高校的概念和内涵，学者们仍然存在争议。北京联合大学发展战略研究课题组提出应用型大学是一种新型综合性大学，它是针对服务于生产、建设、管理和服务第一线的职业教育，也是针对服务于地方区域人民大众实际生活需要的大众教育，同时还是针对服务于丰富地方普通大众精神生活和精神追求的学术教育而言的。另有学者认为，应用型本科高校不是一种新的本科类型，也不是一种新的大学类型，而是在高等教育转型发展的背景下，对传统高等教育培养模式的修正。这一观点将培养应用型人才作为所有高校教育应该有的人才培养目标，与中国高校教育实际情况和转型发展需求相吻合，但是没有清晰界定应用型高校的概念，反而使其更加模糊。本研究认为潘懋元教授对应用型大学的界定更具有实践指导意义。他认为，应用型大学是一种介于研究型大学与高职型大学的中间形态，是多科性或单科性的专业型大学或学院，以各行各业的专科知识为主，培养应用型高级专门人才。应用型本科高校的主要任务是为地方培养应用型创新型人才。2014年5月2日，国务院印发《国务院关于加快发展现代职业教育的决定》，提出引导一批普通本科高校向应用技术类型高校转型，重点举办本科职业教育。2015年3月5日，国务院政府工作报告提出"引导部分地方本科高校向应用型转变"。2016年3月5日，国务院政府工作报告明确提出"推动具备条件的普通本科高校向应用型转变"。综合学者们的观点，本研究认为应用型本科高校的定义及内涵是：应用型本科高校是以各行各业的专科知识为主，为地方培养应用型高级专门创新人才的地方普通本科高校或学院，是介于研究型高校与高职型高校的中间形态，是多科性或单科性的专业型高校或学院。

6.1.2 应用型本科高校的数量

2016年，国家发展改革委、教育部、人力资源社会保障部联合发布《关于编报"十三五"产教融合发展工程规划项目建设方案的通知》（发改社会〔2016〕547号），启动实施职业教育产教融合发展工程规划项目，"十三五"期间投入50亿元，支持100所左右高职院校深化产教融合、校企合作，加快建设现代职业教育体系，全面增强职业教育服务经济社会发展能力。2019 年 2 月 19 日，教育部发展规划司发布《支持应用型本科高校发展有关工作情况》中指出，300 所地方本科高校参与改革试点，大多数是学校整体转型，部分高校通过二级学院开展试点，在校地合作、校企合作、教师队伍建设、人才培养方案和课程体系改革、学校治理结构等方面积极改革探索。一批高校办学定位更清晰，特色更凸显，应用型人才培养模式更符合产业需求，受到学生、用人单位的好评。

截至 2023 年 8 月 15 日，笔者收集整理各省（区、市）教育局网站"关于应用型本科高校"的相关报告，统计出全国共有 400 所应用型本科高校，具体情况如表 6.1 所示。

表 6.1　全国应用型本科高校各地区数量及排名（不包括港澳台地区）

地区	数量（所）	排名	地区	数量（所）	排名
山东	61	1	江西	10	15
四川	39	2	云南	10	16
湖北	28	3	吉林	9	17
福建	23	4	内蒙古	9	18
辽宁	21	5	黑龙江	9	19
浙江	21	6	安徽	9	20
广西	19	7	山西	8	21
上海	16	8	甘肃	8	22
湖南	16	9	重庆	6	23
河南	15	10	贵州	5	24
陕西	14	11	北京	4	25
广东	14	12	天津	3	26
河北	10	13	海南	3	27
江苏	10	14			

6.1.3　应用型高校联盟

2009 年初，安徽的 27 所本科高校以"优势互补、资源共享、互惠互利、共同发展"为目标，成立应用型本科高校合作联盟（省际）。2014 年 11 月，"长三角地区应用型本科高校联盟"（区域）在安徽省合肥学院（今合肥大学）成立，之后全国陆续成立了多个应用型高校联盟。截至 2023 年底，全国共有 12 个应用型本科高校联盟（见表 6.2）。

表 6.2 全国应用型本科高校联盟

序号	高校联盟名称	成立地点	成立时间	范围
1	应用技术大学（学院）联盟	天津	2013 年	全国
2	浙闽赣皖四省边际应用型大学联盟	福建	2018 年	区域
3	长三角地区应用型本科高校联盟	安徽	2014 年	区域
4	浙江省应用型本科高校联盟	浙江	2016 年	省际
5	云南省应用型高校联盟	云南	2018 年	省际
6	广西应用型本科高校联盟	广西	2016 年	省际
7	湖北省应用型高等学校联盟	湖北	2016 年	省际
8	吉林省地方本科高校转型发展联盟	吉林	2015 年	省际
9	安徽省应用型本科高校联盟	安徽	2009 年	省际
10	四川省应用型本科高校联盟	成都	2016 年	省际
11	山西省应用型高等学校联盟	山西	2017 年	省际
12	中德应用技术大学联盟	重庆	2016 年	国际

6.1.4 应用型本科高校与研究型本科高校和职业技能型院校的区别研究

在区分应用型本科高校、研究型本科高校和职业技能型院校上，学者们从不同角度进行了解读。有学者认为应用型本科高校、研究型本科高校和职业技能型院校在办学层次、办学定位、教学理念和科研观念方法方面有所区别。潘懋元教授从概念和内涵上对研究型本科高校和高职院校进行了区分，他认为研究型本科高校主要是以基础学科和应用学科的基本理论为主，是研究高深学问、培养拔尖创新人才的高校；高职院校是指多科性或单科性的职业技术院校，以各行各业实用性知识为主，培养生产、管理、服务第一线的专门人才。本研究认为三类高校的主要区别在层次、办学定位、教学定位、科研定位等方面，如表 6.3 所示。

表 6.3 应用型本科高校、研究型本科高校和职业技能型院校比较

类型	研究型本科高校	应用型本科高校	职业技能型院校
层次	学士、硕士、博士	专科、学士、硕士	专科、学士
办学定位	对研究型人才进行科学教育培养	对应用型创新人才进行教育培养	对在第一线从事生产、管理和教育等直接为社会服务的应用型职业人才进行教育培养
教学定位	强调学术自由，重在启发学生独立学习与思考；科研水平较高，教学因科研而不断更新	强调产学研合作教育及实践教学，突出产学研相结合的办学模式	教学与实践并重。根据企业需要进行教学，教授如何完成相关工作，如何处理实践问题
科研定位	科研与教学并重，强调基础研究	坚持科研与教学相结合，强调应用性开发研究	教学、科研、实践紧密结合，研究课题多来自实践，与企业创新密切相关

6.1.5　滇黔桂应用型高校发展情况

为适应地方经济社会发展需要，滇黔桂三省（区）加快推进配套制度设计，制定应用型高校设置标准，积极推动具备条件的普通本科高校向应用型本科高校转变，引导高校面向市场主动调整专业设置和资源配置，深化产教融合、校企合作，提高应用型人才培养和服务区域、产业能力水平，打造一批高水平应用型本科高校，使其成为区域竞争力的助推器、技术研发的策源地、企业创新的人才库和技术革新的思想库。截至 2023 年底，滇黔桂共有 34 所应用型高等院校（见表 6.4），其中云南省有 10 所，贵州省有 5 所，广西壮族自治区有 19 所。

表 6.4　滇黔桂应用型高校数量统计

省（区）	应用型高校	院校数量（所）
云南	滇西应用技术大学、昆明学院、楚雄师范学院、红河学院、保山学院、普洱学院、昆明理工大学津桥学院、昆明城市学院、云南工商学院、云南经济管理学院	10
贵州	贵州工程应用技术学院、黔南民族师范学院、铜仁学院、遵义师范学院、六盘水师范学院	5
广西	桂林航天工业学院、百色学院、玉林师范学院、河池学院、广西财经学院、贺州学院、北部湾大学、梧州学院、广西民族师范学院、广西外国语学院、南宁学院、广西农业职业技术大学、桂林学院、广西民族大学相思湖学院、桂林信息科技学院、南宁理工学院、广西中医药大学赛恩斯新医药学院、柳州工学院、南宁师范大学师园学院	19

6.2　正式样本数据的质量分析

6.2.1　数据收集

本研究正式开展问卷调查时间集中在 2022 年 6—7 月，调研对象为滇黔桂三省（区）应用型高等院校中参与过校企合作教育的学生，最终共计发放 700 份问卷，共回收 697 份问卷，回收率为 99.57%。由于高校校园管理严格，不方便出入，故问卷调查主要采用电子问卷的方式，由本人或委托该学校的指导教师采用限时网络填写的方式进行，以提高问卷回收率。回收后剔除无效问卷，包括有多处空白没填写的、问卷相关问题回答前后有矛盾的和问卷填写选项大部分一样的均不予采用。样本数量的大小应保证受访者与测量项目的比例为 5∶1 以上，最终确定有效问卷 688 份，有效率为 98.71%，受访者与测量项目比例大于 5∶1，接近 10∶1，样本量符合要求。

6.2.2　样本描述

接受调查的滇黔桂应用型高校 688 名参与校企合作教育学生的背景特征，采用 SPSS 23.0 中频数分布分析功能来考察，包括性别、学历、所学的学科、上大学前的居住地、是否有创业经历等情况，结果如表 6.5 所示：

表 6.5　样本分析

受访者特征		数量（份）	百分比（%）	受访者特征		数量（份）	百分比（%）
性别	男	273	39.68	学校所在地特征	地级市（城）区	376	54.65
	女	415	60.32		城乡接合部	30	4.36
学历	专科	74	10.76		县（镇）域	137	19.91
	本科	583	84.74		农村或边远山区	135	19.62
	硕士	27	3.92		其他	10	1.45
	博士及以上	4	0.58	创业经历情况	没有创业过	648	94.19
学科	哲学	1	0.15		创业过，但未成功	34	4.94
	经济学	47	6.83		创业过，且曾成功	6	0.87
	法学	5	0.73	学校所在区域	西南	192	27.91
	教育学	15	2.18		西北	22	3.20
	文学	53	7.70		东北	29	4.21
	历史学	5	0.73		华东	65	9.45
	理学	136	19.77				
	工学	232	33.72		华北	18	2.61
	农学	0	0.00				
	医学	28	4.07		华中	32	4.65
	管理学	153	22.24				
	艺术学	13	1.89		华南	330	47.97

从表 6.5 中可以看出，接受调查的 688 名学生中，女生比例为 60.32%，男生比例为 39.68%。不同学历的学生均参与了此次调查，本科学生数量最多，占比 84.74%；其次为专科学生，占比 10.76%；博士及以上的学生占比最少，为 0.58%。在所学学科方面，工学类学生占比最多达到 33.72%；其次为管理学类学生，占比 22.24%。学生就读的学校所在地最多的是地级市（城）区，占比 54.65%。学校所在区域为华南和西南区域的学生较多，占比分别为 47.97%、27.91%。

在所有接受调查的学生中，只有 0.87% 的学生创业并且成功过，4.94% 的学生创业过但是没有成功，94.19% 的学生没有创业过。由此可见，即使调查对象是参加过校企合作过的学生，其创业率也极低。

6.2.3　样本描述性统计分析

为描述样本基本特征，本研究利用 SPSS 23.0 统计软件对 688 份有效问卷的数据进行基本的描述性统计，揭示调查对象所参与校企合作教育中的校企协同行为、资源拼凑、创业能力、创业政策和校园创新氛围的基本情况。

6.2.3.1 校企协同行为描述性统计分析

在参与问卷调查的 688 名学生中，校企协同行为测量结果如表 6.6 所示。校企协同行为的均值为 3.420 分，表明接受调查的 688 名参与校企合作的学生的学校校企协同情况较为理想，同时学生对"学校和实习见习企业普遍鼓励创新创业"这一项评价最高，平均值为 3.634 分。

表 6.6 校企协同行为的描述性统计分析

代码	名称	样本量（名）	平均值（分）	标准差	中位数（分）
A1	1. 学校、企业为我提供了丰富的创新创业类学习活动	688	3.453	0.864	3
A2	2. 学校、企业有丰富的创业师资团队	688	3.531	0.861	3
A3	3. 学校和企业建立了创新创业相关的信息服务平台	688	3.571	0.870	4
A4	4. 创新创业要素融入了校企合作课程	688	3.596	0.891	4
A5	5. 参加校企合作后，参加过一些诸如创业大赛之类的活动	688	3.358	1.005	3
A6	6. 参加校企合作，有过一定的就业创业实习或工作经历	688	3.153	0.999	3
A7	7. 参加校企合作后，有过一定的创业实践孵化经历	688	3.137	1.006	3
A8	8. 校内外建立了有效的创业孵化器	688	3.419	0.918	3
A9	9. 校企合作的创业氛围浓厚	688	3.446	0.895	3
A10	10. 学校和实习见习企业普遍鼓励创新创业	688	3.634	0.873	3
A11	11. 父母或亲人很支持创业	688	3.243	0.929	3
A12	12. 当地文化鼓励创造和创新，并承担风险	688	3.461	0.833	3
A13	13. 风险投资和金融机构活跃程度很高	688	3.344	0.823	3
A14	14. 参加校企合作后，容易获得外部的科技帮助和科技成果	688	3.474	0.846	3
A15	15. 参加校企合作后，容易获得创业所需的信息资源	688	3.419	0.853	3
A16	16. 参加校企合作后，拥有良好的社会网络及其人脉资源	688	3.477	0.858	3
	平均水平	688	3.420	0.900	3.465

6.2.3.2 资源拼凑描述性统计分析

资源拼凑描述性统计分析如表 6.7 所示，接受调查的 688 名学生的资源拼凑情况较理想，均值为 3.384 分。

表 6.7 资源拼凑的描述性统计分析

代码	名称	样本量（名）	平均值（分）	标准差	中位数（分）
B1	1. 我有信心通过对现有资源既定认知的利用找出可行的解决方案	688	3.344	0.832	3
B2	2. 和其他人相比，我能利用现有的资源应对更多的挑战	688	3.336	0.875	3
B3	3. 我善于利用现有的资源来应对创业中的新问题或新机会	688	3.344	0.844	3
B4	4. 我通常都会做出行动并假设能够找到可行的解决方案	688	3.336	0.832	3
B5	5. 当面对新挑战时，我有信心能够通过对现有资源的创造性整合获得可行的解决方案	688	3.417	0.823	3
B6	6. 我能够通过改变资源的用途以及开发新的资源来应对发展过程中的新挑战	688	3.424	0.822	3
	平均水平	688	3.384	0.840	3

6.2.3.3 创业能力描述性统计分析

创业能力统计分析如表 6.8 所示。创业能力的均值为 3.263 分，说明接受调查的 688 名参与校企合作的学生的创业能力情况较为理想。"我将遵守诺言，在市场活动和企业管理中做到公平、开明、诚实"这一项平均值最高，为 3.753 分，表示同学们在创业中能够遵守准则；而在"我能够开发有效途径进行融资""我能够利用各种方式进行融资""我能够顺利获得政府的政策和财政扶持"这三项平均值较低，表明同学们在融资能力与获得政府财政和政策支持方面相对不足。

表 6.8 创业能力的描述性统计分析

代码	名称	样本量（名）	平均值（分）	标准差	中位数（分）
C1	1. 我可以识别具有潜力的市场领域	688	3.202	0.847	3
C2	2. 我能够评估潜在商业机会的优势和劣势	688	3.196	0.877	3
C3	3. 我能够抓住高质量的商业机会并加以实施	688	3.134	0.871	3
C4	4. 我能够开发有效途径进行融资	688	3.026	0.894	3
C5	5. 我能够利用各种方式进行融资	688	3.035	0.917	3
C6	6. 我能够顺利获得政府的政策和财政扶持	688	3.080	0.929	3

续表

代码	名称	样本量（名）	平均值（分）	标准差	中位数（分）
C7	7. 我可以忍受工作中的各种压力和意想不到的变动	688	3.356	0.851	3
C8	8. 即使面临逆境我也会坚持	688	3.488	0.850	3
C9	9. 我将遵守诺言，在市场活动和企业管理中做到公平、开明、诚实	688	3.753	0.909	3
C10	10. 我能将相关想法、问题和从不同资源中观察到的事实连接在一起	688	3.424	0.820	3
C11	11. 我会及时调整企业的战略目标和经营思路	688	3.403	0.842	3
C12	12. 我能准确对企业在市场中的地位进行再定位	688	3.324	0.847	3
C13	13. 我能有效地领导、监督、激励员工	688	3.371	0.859	3
C14	14. 我能合理配置企业内部人、财、物等各种资源	688	3.344	0.876	3
C15	15. 我能与有关键资源的人建立并维持关系	688	3.387	0.881	3
C16	16. 我能够及时采取补救措施来解决公司运营的问题和困难	688	3.323	0.870	3
	平均水平	688	3.263	0.870	3

6.2.3.4 创业政策描述性统计分析

创业政策统计分析如表 6.9 所示。创业政策的均值为 3.529 分，表明接受调查的 688 名参与校企合作的学生面对的创业政策情况较为理想。

表 6.9 创业政策的描述性统计分析

代码	名称	样本量（名）	平均值（分）	标准差	中位数（分）
D1	1. 政府提供便利的创业手续和流程	688	3.519	0.809	3
D2	2. 政府有完善的创业制度规范创业行为，保障创业成果	688	3.581	0.820	4
D3	3. 知识产权保护政策实施效果显著	688	3.593	0.839	4
D4	4. 政府给创业者提供优惠的创业税收政策	688	3.64	0.813	4
D5	5. 政府提供的创业基金或补贴较容易获得	688	3.538	0.807	3
	平均水平	688	3.529	0.080	3

6.2.3.5 校园创新氛围描述性统计分析

校园创新氛围统计分析如表 6.10 所示。校园创新氛围的均值为 3.61 分，表明接受调查的 688 名参与校企合作的学生面对的校园创新氛围情况较为理想；"学校鼓励学生提出有创意的点子"这一项平均值最高，为 3.74 分，表示学校十分注重学生的创新思维的培养。

表 6.10　校园创新氛围的描述性统计分析

代码	名称	样本量（名）	平均值（分）	标准差	中位数（分）
E1	1. 学校的政策制度使大家富于创新热情	688	3.522	0.823	3
E2	2. 学校鼓励学生提出有创意的点子	688	3.740	0.853	4
E3	3. 学校的奖励制度有效地促进了创新	688	3.653	0.860	4
E4	4. 学生有合理的创新想法，学校会给予支持	688	3.698	0.823	4
平均水平		688	3.610	0.823	3.75

6.3　信度与效度检验

6.3.1　信度检验

信度检验的标准是 CITC 值大于 0.3，且克隆巴赫系数大于 0.7，同时观察删除对应项后项已删除的 α 系数是否会提高，若无明显提高则无须对此项进行修正处理。对于校企协同行为、资源拼凑、创业能力、创业政策、校园创新氛围 5 个量表的信度检验如下。

6.3.1.1　校企协同行为量表的信度检验

从表 6.11 可看出，校企协同行为几乎所有测量条目的 CITC 值均在 0.5 以上，克隆巴赫系数为 0.951，信度相当高。

表 6.11　校企协同行为量表的 CITC 及信度分析

名称	校正项总计相关性（CITC）	项已删除的 α 系数	克隆巴赫系数
1. 学校、企业为我提供了丰富的创新创业类学习活动	0.622	0.950	
2. 学校、企业有丰富的创业师资团队	0.719	0.948	
3. 学校和企业建立了创新创业相关的信息服务平台	0.722	0.948	
4. 创新创业要素融入了校企合作课程	0.752	0.947	
5. 参加校企合作后，参加过一些诸如创业大赛之类的活动	0.703	0.948	0.951
6. 参加校企合作后，有过一定的就业创业实习或工作经历	0.693	0.949	
7. 参加校企合作后，有过一定的创业实践孵化经历	0.707	0.948	
8. 校内外建立了有效的创业孵化器	0.772	0.947	
9. 校企合作的创业氛围浓厚	0.805	0.946	

续表

名称	校正项总计相关性（CITC）	项已删除的α系数	克隆巴赫系数
10. 学校和实习见习企业普遍鼓励创新创业	0.720	0.948	
11. 父母或亲人很支持创业	0.577	0.951	
12. 当地文化鼓励创造和创新、鼓励承担风险	0.716	0.948	
13. 风险投资和金融机构活跃程度很高	0.738	0.948	0.951
14. 参加校企合作后，容易获得外部的科技帮助和科技成果	0.780	0.947	
15. 参加校企合作后，容易获得创业所需的信息资源	0.788	0.947	
16. 参加校企合作后，拥有良好的社会网络及其人脉资源	0.766	0.947	

6.3.1.2 资源拼凑量表的信度检验

从表6.12可以看出，资源拼凑几乎所有测量条目的CITC值均在0.5以上，克隆巴赫系数为0.956，信度相当高。

表6.12 资源拼凑量表的CITC及信度分析

名称	校正项总计相关性（CITC）	项已删除的α系数	克隆巴赫系数
1. 我有信心通过对现有资源既定认知的利用找出可行的解决方案	0.820	0.952	
2. 和其他人相比，我能利用现有的资源去应对更多的挑战	0.846	0.950	
3. 我善于利用现有的资源来应对创业中的新问题或新机会	0.877	0.946	0.956
4. 我通常都会做出行动并假设能够找到可行的解决方案	0.892	0.944	
5. 当面对新挑战时，我有信心能够通过对现有资源的创造性整合来获得可行的解决方案	0.872	0.946	
6. 我能够通过改变资源的用途以及开发新的资源来应对发展过程中的新挑战	0.865	0.947	

6.3.1.3 创业能力量表的信度检验

从表6.13可以看出，创业能力量表几乎所有测量条目的CITC值均在0.5以上，克隆巴赫系数为0.966，信度相当高。

表 6.13　创业能力量表的 CITC 及信度分析

名称	校正项总计相关性（CITC）	项已删除的 α 系数	克隆巴赫系数
1. 我可以识别具有潜力的市场领域	0.785	0.964	
2. 我能够评估潜在商业机会的优势和劣势	0.792	0.964	
3. 我能够抓住高质量的商业机会并加以实施	0.803	0.964	
4. 我能够开发有效途径进行融资	0.771	0.964	
5. 我能够利用各种方式进行融资	0.764	0.964	
6. 我能够顺利获得政府的政策和财政扶持	0.784	0.964	
7. 我可以忍受工作中的各种压力和意想不到的变动	0.797	0.964	
8. 即使面临逆境我也会坚持	0.758	0.964	
9. 我将遵守诺言，在市场活动和企业管理中做到公平、开明、诚实	0.561	0.968	0.966
10. 我能将相关想法、问题和从不同资源中观察到的事实连接在一起	0.826	0.963	
11. 我会及时调整企业的战略目标和经营思路	0.817	0.963	
12. 我能准确对企业在市场中的地位进行再定位	0.828	0.963	
13. 我能有效地领导、监督、激励员工	0.815	0.963	
14. 我能合理配置企业内部人、财、物等各种资源	0.815	0.963	
15. 我能与有关键资源的人建立并维持关系	0.834	0.963	
16. 我能够及时采取补救措施来解决公司运营的问题和困难	0.841	0.963	

6.3.1.4　创业政策量表的信度检验

从表 6.14 可以看出，创业政策所有测量条目的 CITC 值均在 0.5 以上，克隆巴赫系数为 0.935，信度相当高。

表 6.14　创业政策量表的 CITC 及信度分析

名称	校正项总计相关性（CITC）	项已删除的 α 系数	克隆巴赫系数
1. 政府提供便利的创业手续和流程	0.820	0.922	
2. 政府有完善的创业制度规范创业行为，保障创业成果	0.869	0.913	
3. 知识产权保护政策实施效果显著	0.815	0.923	0.935
4. 政府给创业者提供优惠的创业税收政策	0.853	0.916	
5. 政府提供的创业基金或补贴较容易获得	0.781	0.929	

6.3.1.5 校园创新氛围量表的信度检验

从表 6.15 可以看出，校园创新氛围量表测量条目的 CITC 值均在 0.5 以上，克隆巴赫系数为 0.923，信度相当高。

表 6.15 校园创新氛围量表的 CITC 及信度分析

名称	校正项总计相关性（CITC）	项已删除的 α 系数	克隆巴赫系数
1. 学校的政策制度使大家富于创新热情	0.781	0.913	
2. 学校鼓励学生提出有创意的点子	0.847	0.890	0.923
3. 学校的奖励制度有效地促进了创新	0.852	0.889	
4. 学生有合理的创新想法，学校会给予支持	0.805	0.905	

6.3.2 效度检验

效度检验用于分析研究项是否合理、有意义。KMO 值用于判断是否有效度，共同度值用于排除不合理研究项，方差解释率值用于说明信息提取水平，因子载荷系数用于衡量因子（维度）和题项对应关系。从表 6.16 可知，所有研究项对应的共同度值均高于 0.4，说明研究项信息可以被有效提取。KMO 值为 0.836，大于 0.6，意味着数据具有效度。因子的旋转前后方差解释率值是 76.794%，旋转后累积方差解释率为 76.794%，大于 50%，意味着研究项的信息量可以有效地提取出来。最后，因子载荷系数绝对值均大于 0.4，说明选项和因子有对应关系，因此可进行下一步分析。

表 6.16 调研问卷全部量表探索性因子检验

名称	因子载荷系数 因子 1	共同度（公因子方差）
创业能力	0.854	0.730
创业政策	0.898	0.807
校园创新氛围	0.886	0.785
资源拼凑	0.873	0.762
校企协同行为	0.869	0.755
特征根值（旋转前）	3.840	—
方差解释率（旋转前，%）	76.794	—
累积方差解释率（旋转前，%）	76.794	—
特征根值（旋转后）	3.840	—

续表

名称	因子载荷系数	共同度 （公因子方差）
	因子 1	
方差解释率（旋转后，%）	76.794	—
累积方差解释率（旋转后，%）	76.794	—
KMO 值	0.836	—
巴特球形值	2757.991	—
df	10	—
P 值	0	—

6.4　模型拟合度检验

本研究构建了"校企协同行为—资源拼凑—创业能力"关系模型，分为模型构建、模型拟合、模型评价和模型修正 4 个分析步骤。按照这些步骤，本节将首先对研究假设进行初步模型拟合和评价，然后根据修正指数查看是否需要对模型进行调整和修正，再对假设检验的结果展开分析。

6.4.1　初始结构模型拟合

根据研究假设构建的理论框架，借助 AMOS 分析软件，运用结构方程模型（SEM）方法对初始模型进行回归拟合，结果见表 6.17、表 6.18。

表 6.17　模型回归系数表

X	→ （路径关系）	Y	非标准化路径系数	SE	Z （CR 值）	P	标准化路径系数
校企协同行为	→	资源拼凑	1.033	0.062	16.627	0.000	0.824
资源拼凑	→	创业能力	0.435	0.047	9.216	0.000	0.520
校企协同行为	→	创业能力	0.683	0.051	9.216	0.000	0.675

从表 6.17 可知，校企协同行为对于资源拼凑产生影响时，标准化路径系数为 0.824 ＞ 0，并且此路径呈现出 0.00 水平的显著性（Z=16.627，P=0.000），因而说明校企协同行为会对资源拼凑产生显著的正向影响。

资源拼凑对于创业能力产生影响时，标准化路径系数为 0.520 ＞ 0，并且此路径呈现出 0.01 水平的显著性（Z=9.216，P=0.000），因而说明资源拼凑会对创业能力产生显著的正向影响。

校企协同行为对于创业能力产生影响时，标准化路径系数为 0.675 ＞ 0，并且此路径呈现出 0.01 水平的显著性（Z=9.216，P=0.000），因而说明校企协同行为会对创业能力产生显著的正向影响。

表 6.18 "校企协同行为—资源拼凑—创业能力"关系模型拟合效果

常用指标	x^2	df	P	x^2/df	GFI	RMSEA	RMR	CFI	NFI	NNFI
判断标准	—	—	> 0.05	< 3	> 0.9	< 0.10	< 0.05	> 0.9	> 0.9	> 0.9
值	4398.2	662	0.000	6.644	0.997	0.071	0.033	0.940	0.998	1.009
其他指标	TLl	AGFI	IFI	PGFI	PNFI	SRMR				
判断标准	> 0.9	> 0.9	> 0.9	> 0.9	> 0.9	< 0.1				
值	1.009	1.013	0.997	0.605	0.733	0.054				

表 6.18 列示了对初始理论模型的路径系数拟合结果。从表中可以看出，RMSEA 的值为 0.071，小于 0.1；NNFI 的值为 1.009，比较拟合 CFI 的值为 0.94，NFI 的值为 0.998，GFI 的值为 0.997，均大于 0.9。各评价指标上的拟合结果表明，此结构方程模型拟合的效果比较好。

6.4.2 模型的确定

初始模型需要修正的原因可能是多方面的，可能是模型本身的设定错误，也可能是数据质量不佳。对于拟合效果不尽理想的初始模型，可以根据其参数显著性或修正指数对模型进行扩展或限制。模型扩展指释放部分受限路径或添加新路径，使模型的结构更加合理；模型限制指通过删除某些不具有显著性的路径，使模型结构更加简洁。修正指数从数理上指出了哪些路径系数从限制到自由修正可以提高模型的拟合优度，主要用于模型扩展。但是，统计软件提出的模型修正意见仅仅是从输入数据的角度出发，无法根据各个变量的理论间关系给出修改建议，即修正指数只是一种数据驱动的结果。因此，在对初始结构方程模型进行修正时，不能仅从修正指数单方面考虑，还要同时考虑变量的理论间关系。

本研究认为校企协同行为对大学生创新能力的结构方程模型路径拟合度良好，无须修改。具体模型图示如图 6.1 所示，图中数字为各路径的标准化回归系数，数字右上角的星号分别对应不同的显著性水平。

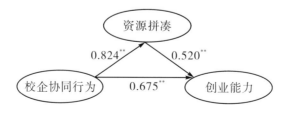

图 6.1 "校企协同行为—资源拼凑—创业能力"关系模型的结构方程模型

6.5　相关性分析

前面各节通过效度和信度分析评估正式调查问卷的质量，对样本信息进行描述性统计分析，并确定了校企协同行为对大学生创新能力的结构方程模型。本节接着分析校企协同行为、资源拼凑、创业能力、创业政策和校园创新氛围之间的相关关系，并进行共线性检验。

6.5.1　区分效度分析

对样本信息进行区分效度分析（见表 6.19）。针对校企协同行为，其 AVE 平方根值为 0.741，小于因子间相关系数绝对值的最大值 0.777，意味着其区分效度欠佳，可考虑移除标准载荷系数值较低项后重新分析。针对资源拼凑，其 AVE 平方根值为 0.886，大于因子间相关系数绝对值的最大值 0.777，意味着其具有良好的区分效度。针对创业能力，其 AVE 平方根值为 0.802，大于因子间相关系数绝对值的最大值 0.730，意味着其具有良好的区分效度。针对创业政策，其 AVE 平方根值为 0.864，大于因子间相关系数绝对值的最大值 0.847，意味着其具有良好的区分效度。针对校园创新氛围，其 AVE 平方根值为 0.868，大于因子间相关系数绝对值的最大值 0.847，意味着其具有良好的区分效度。

表 6.19　校企协同行为对大学生创业能力影响的 Pearson 相关系数与 AVE 平方根值

AVE 平方根值	校企协同行为	资源拼凑	创业能力	创业政策	校园创新氛围
校企协同行为	0.741				
资源拼凑	0.777	0.886			
创业能力	0.644	0.719	0.802		
创业政策	0.679	0.671	0.730	0.864	
校园创新氛围	0.709	0.662	0.657	0.847	0.868

6.5.2　相关性分析

本研究利用相关分析去研究创业能力和校企协同行为、资源拼凑、创业政策、校园创新氛围 4 项之间的相关关系，使用 Pearson 相关系数表示相关关系的强弱情况，结果见表 6.21。具体分析可知：创业能力与校企协同行为、资源拼凑、创业政策、校园创新氛围 4 项之间全部呈现出显著性，相关系数分别是 0.644、0.719、0.730、0.657，并且相关系数均大于 0，意味着创业能力与校企协同行为、资源拼凑、创业政策、校园创新氛围 4 项之间有着正相关关系。

表 6.20　校企协同创新对大学生创业能力影响的 Pearson 相关系数

Pearsen 相关系数	平均值	标准差	创业能力	校企协同行为	资源拼凑	创业政策	校园创新氛围
创业能力	3.302	0.709	1				
校企协同行为	3.420	0.679	0.644[**]	1			

续表

Pearsen 相关系数	平均值	标准差	创业能力	校企协同行为	资源拼凑	创业政策	校园创新氛围
资源拼凑	3.372	0.759	0.719**	0.777**	1		
创业政策	3.574	0.729	0.730**	0.679**	0.671**	1	
校园创新氛围	3.653	0.757	0.657**	0.709**	0.662*	0.847**	1

注：$^*P < 0.05$，$^{**}P < 0.01$。

6.5.3 共线性检验

为深入分析校企协同行为对资源拼凑支持的影响分析，本节运用标准的 OLS 回归分析进行检验，并采用 SPSS 23.0 软件进行回归分析。

（1）自变量对因变量的影响分析。

将校企协同行为作为自变量、创业能力作为因变量进行线性回归分析，结果如表6.21 所示。

表 6.21 校企协同行为对创业能力的 OLS 回归分析结果（$n=688$）

常用指标	非标准化回归系数		标准化回归系数 Beta	t	P	VIF	R^2	调整 R^2	F
	B	标准误							
常数	1.001	0.106	—	9.414	0.000**	—	0.415	0.414	$F（1，686）$ =486.832， $P=0.000$
校企协同行为	0.673	0.030	0.644	22.064	0.000**	1			

注：因变量为创业能力，D-W 值为 2.095，$^*P < 0.05$，$^{**}P < 0.01$。

可以看出，模型公式为创业能力 =1.001+0.673× 校企协同行为，模型 R^2 为 0.415，意味着校企协同行为可以解释创业能力 41.5% 的变化原因。对模型进行 F 检验时发现模型通过 F 检验（$F=486.832$，$P=0.000$），也即说明校企协同行为一定会对创业能力产生影响关系，最终具体分析可知：校企协同行为的非标准化回归系数为 0.673（$t=22.064$，$P=0.000$），意味着校企协同行为会对创业能力产生显著的正向影响。

（2）自变量对中介变量的影响分析。

自变量校企协同行为对中介变量资源拼凑的影响分析见表 6.22。

表 6.22 校企协同行为对资源拼凑模型拟合指标

常用指标	x^2	df	P	卡方自由度比 x^2/df	GFI	RMSEA	RMR	CFI	NFI	NNFI
判断标准	—	—	> 0.05	< 3	> 0.9	< 0.10	< 0.05	> 0.9	> 0.9	> 0.9
值	94.231	3	0	31.41	0.959	0.21	0.016	0.967	0.966	0.89
其他指标	TLI	AGFI	IFI	PGFI	PNFI	SRMR	RMSEA 90%CI			
判断标准	> 0.9	> 0.9	> 0.9	> 0.9	> 0.9	< 0.1	—			
值	0.89	0.794	0.967	0.192	0.29	0.031	0.175～0.248			

如表 6.22 所示，CFI、NFI、GFI 都在 0.9 以上，所拟合的模型尚可接受。校企协同行为对资源拼凑的 OLS 回归分析结果见表 6.23。

表 6.23　校企协同行为对资源拼凑的 OLS 回归分析结果（$n=688$）

常用指标	回归系数	标准误	t	P	R^2	调整 R^2	F
常数	1.073	0.074	14.426	0.000**	0.604	0.603	$F（1，686）$ =1045.932, $P=0.000$
资源拼凑	0.696	0.022	32.341	0.000**			

注：因变量为校企协同行为，D-W 值为 2.024，$^*P < 0.05$，$^{**}P < 0.01$。

从表 6.23 可知，将资源拼凑作为自变量进行 OLS 回归分析，模型 R^2 为 0.604，意味着资源拼凑可以解释校企协同行为 60.4% 的变化原因。对模型进行 F 检验时发现模型通过 F 检验（$F=1045.932$，$P=0.000$），说明资源拼凑一定会对校企协同行为产生影响，模型公式为校企协同行为 =1.073+0.696× 资源拼凑。具体分析可知：资源拼凑的回归系数为 0.696，并且呈现出 $P < 0.01$ 水平显著性（$t=32.341$，$P=0.000$），意味着资源拼凑会对校企协同行为产生显著的正向影响。

（3）自变量对调节变量的影响分析。

校企协同行为对创业政策的影响分析见表 6.24。

表 6.24　校企协同行为对创业政策的 OLS 回归分析结果（$n=688$）

常用指标	回归系数	标准误	t	P	R^2	调整 R^2	F
常数	1.157	0.095	12.147	0.000**	0.462	0.461	$F（1，686）$ =588.167, $P=0.000$
创业政策	0.633	0.026	24.252	0.000**			

注：因变量为校企协同行为，D-W 值为 1.968，$^*P < 0.05$，$^{**}P < 0.01$。

从表 6.24 可知，将创业政策作为自变量进行 OLS 回归分析，模型 R^2 为 0.462，意味着创业政策可以解释校企协同 46.2% 的变化原因。对模型进行 F 检验时，发现模型通过 F 检验（$F=588.167$，$P=0.000$），说明创业政策一定会对校企协同行为产生影响，模型公式为校企协同行为 =1.157+0.633× 创业政策。具体分析可知：创业政策的回归系数为 0.633，并且呈现出 $P < 0.01$ 水平显著性（$t=24.252$，$P=0.000$），意味着创业政策会对校企协同行为产生显著的正向影响。

表 6.25　校企协同行为对校园创新氛围的 OLS 回归分析结果（$n=688$）

常用指标	回归系数	标准误	t	P	R^2	调整 R^2	F
常数	1.096	0.09	12.151	0.000**	0.502	0.502	$F（1，686）$ =692.602, $P=0.000$
校园创新氛围	0.636	0.024	26.317	0.000**			

注：因变量为校企协同行为，D-W 值为 1.919，$^*P < 0.05$，$^{**}P < 0.01$。

从表 6.25 可知，将校园创新氛围作为自变量进行 OLS 回归分析，可以看出，模型 R^2 为 0.502，意味着校园创新氛围可以解释校企协同行为 50.2% 的变化原因。对模型进行 F 检验时发现模型通过 F 检验（F=692.602，P=0.000），说明校园创新氛围一定会对校企协同行为产生影响，模型公式为校企协同行为 =1.096+0.636× 校园创新氛围。具体分析可知，校园创新氛围的回归系数为 0.636，并且呈现出 $P < 0.01$ 水平显著性（t=26.317，P=0.000），意味着校园创新氛围会对校企协同行为产生显著的正向影响。

（4）中介变量对因变量的影响分析。

资源拼凑对创业能力的影响分析见表 6.26。

表 6.26　资源拼凑对创业能力的 OLS 回归分析结果（n=688）

常用指标	回归系数	标准误	t	P	R^2	调整 R^2	F
常数	1.034	0.086	12.056	0.000**			
资源拼凑	0.673	0.025	27.106	0.000**	0.517	0.516	F（1，686）=734.746，P=0.000

注：因变量为创业能力，D–W 值为 2.175，*$P < 0.05$，**$P < 0.01$。

从表 6.26 可知，将资源拼凑作为自变量进行 OLS 回归分析，模型 R^2 为 0.517，意味着资源拼凑可以解释创业能力 51.7% 的变化原因。对模型进行 F 检验时，发现模型通过 F 检验（F=734.746，P=0.000），说明资源拼凑一定会对创业能力产生影响，模型公式为创业能力 =1.034+0.673× 资源拼凑。具体分析可知，资源拼凑的回归系数为 0.673，并且呈现出 $P < 0.01$ 水平显著性（t=27.106，P=0.000），意味着资源拼凑会对创业能力产生显著的正向影响。

（5）调节变量对因变量的影响分析。

校园创新氛围对创业能力的影响分析见表 6.27。

表 6.27　校园创新氛围对创业能力的 OLS 回归分析结果（n=688）

常用指标	回归系数	标准误	t	P	R^2	调整 R^2	F
常数	1.051	0.101	10.444	0.000**			
校园创新氛围	0.616	0.027	22.853	0.000**	0.432	0.431	F（1，686）=522.274，P=0.000

注：因变量为创业能力，D–W 值为 2.093，*$P < 0.05$，**$P < 0.01$。

从表 6.27 可知，将校园创新氛围作为自变量进行 OLS 回归分析，可以看出，模型 R^2 为 0.432，意味着校园创新氛围可以解释创业能力 43.2% 的变化原因。对模型进行 F 检验时，发现模型通过 F 检验（F=522.274，P=0.000），说明校园创新氛围一定会对创业能力产生影响，模型公式为创业能力 =1.051 + 0.616× 校园创新氛围。具体分析可知，校园创新氛围的回归系数为 0.616，并且呈现出 $P < 0.01$ 水平显著性（t=22.853，P=0.000），意味着校园创新氛围会对创业能力产生显著的正向影响。

6.6 研究假设检验

6.6.1 校企协同行为对创业能力的回归分析

从线性回归分析结果得出,自变量即教学资源、实践资源、文化资源和社会资源4个方面,在显著性水平检验中都达到了 $P < 0.05$;同时,其对应标准化回归系数分别是0.103、0.149、0.285、0.336,回归系数为正,表明教学资源、实践资源、文化资源、社会资源和创业能力之间有着一致性的发展关系。据此得出,校企协同行为的水平高低与创业能力的发展之间有着一致性的发展关系,意味着校企协同行为的4个方面均会对创业能力产生显著的正向影响。假设 H1、H1a、H1b、H1c、H1d 得到支持,其主要的数据分析结果见表6.28。

表 6.28　校企协同行为对创业能力的回归分析结果

常用指标	非标准化回归系数		标准化回归系数	t	P	VIF	R^2	调整 R^2	F
	B	标准误	Beta						
常数	0.832	0.096	—	8.694	0.000**	—	0.485	0.482	$F(4, 683)$ =160.685, P=0.000
教学资源	0.101	0.036	0.103	3.315	0.026*	2.289			
实践资源	0.137	0.041	0.149	3.345	0.001**	2.622			
文化资源	0.274	0.048	0.285	5.699	0.000**	3.322			
社会资源	0.300	0.042	0.336	7.172	0.000**	2.915			

注:因变量为创业能力,D-W 值为1.989,$^*P < 0.05$,$^{**}P < 0.01$。

6.6.2 校企协同行为对资源拼凑的回归分析

从线性回归分析结果得出,自变量即教学资源、实践资源、文化资源和社会资源4个方面,在显著性水平检验中都达到了 $P < 0.05$,同时,其各个标准化回归系数分别是0.009、0.422、0.181、0.266,回归系数为正,表明教学资源、实践资源、文化资源、社会资源与资源拼凑之间,有着显著的正相关关系。假设 H2、H2a、H2b、H2c、H2d 得到支持,其主要的数据分析结果见表6.29。

表 6.29　校企协同行为对资源拼凑的回归分析结果

常用指标	非标准化回归系数		标准化回归系数	t	P	VIF	R^2	调整 R^2	F
	B	标准误	Beta						
常数	0.187	0.089	—	2.101	0.036*	—	0.644	0.642	$F(4, 683)$ $=308.506$, $P=0.000$
教学资源	0.108	0.034	0.009	2.250	0.033*	2.289			
实践资源	0.423	0.039	0.422	10.832	0.000**	2.915			
文化资源	0.187	0.038	0.181	4.890	0.000**	2.622			
社会资源	0.286	0.045	0.266	6.386	0.000**	3.322			

注：因变量为资源拼凑，D−W 值为 2.078，*$P < 0.05$，**$P < 0.01$。

6.6.3　资源拼凑对创业能力的回归分析

从线性回归分析结果得出，利用式资源拼凑和探索式资源拼凑在显著性水平检验中都达到了 $P < 0.01$；同时，其各个标准化回归系数分别是 0.329、0.422，回归系数为正，表明利用式资源拼凑、探索式资源拼凑与创业能力之间有着显著的正相关关系。假设 H3、H3a、H3b 得到支持，其主要的数据分析结果见表 6.30。

表 6.30　资源拼凑对创业能力的回归分析结果

常用指标	非标准化回归系数		标准化回归系数	t	P	VIF	R^2	调整 R^2	F
	B	标准误	Beta						
常数	1.095	0.077	—	14.136	0.000**	—	0.526	0.524	$F(2, 685)$ $=379.327$, $P=0.000$
利用式资源拼凑	0.287	0.045	0.329	6.404	0.000**	3.822			
探索式资源拼凑	0.358	0.044	0.422	8.201	0.000**	3.822			

注：因变量为创业能力，D−W 值为 2.079，*$P < 0.05$，**$P < 0.01$。

6.6.4　中介效应作用检验

6.6.4.1　中介效应作用检验介绍

中介变量在各个变量之间的因果关系中扮演着非常重要的角色，有助于揭示各变量之间的本质关系，它是自变量对因变量发挥影响作用的内在原因。如果某个自变量 X 对某个因变量 Y 的影响作用发挥需要借由某个中间变量 M 来实现，则称该变量 M 为中介变量，如图 6.2 所示。

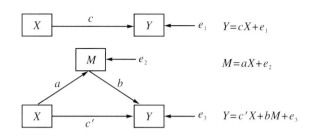

图 6.2 中介效应模型图

在指出何为中介变量并给出中介效应模型的同时，有学者也提出了中介效应详细的检验步骤和程序，详细操作步骤如图 6.3 所示。中介效应的检验程序有四步。第一步，检验回归系数 c，如果显示为显著，则继续第二步；否则，停止中介效应分析。第二步，做部分中介效应检验，即依次检验回归系数 a 和 b 的显著性，若二者都显著，则转入第三步；若二者中至少有一个表现为不显著，则转入第四步。第三步，做完全中介效应检验，即检验系数 c 的显著性，若 c 显著，则说明模型表现为部分中介效应；否则，模型表现为完全中介效应。第四步，对模型做 Sobel 检验，若 z 值显著，则模型表现为部分中介效应；否则，中介效应不显著。

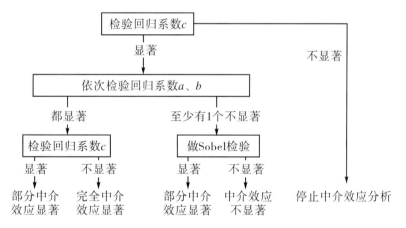

图 6.3 中介效应检验的步骤和程序

6.6.4.2 中介效应的检验

本研究分析认为，资源拼凑在校企协同行为对大学生创业能力的影响中发挥中介效应。下面将对该中介效应依次进行检验。

（1）自变量与因变量。

检验系数自变量对因变量的回归系数 c。将自变量校企协同行为的各维度与因变量创业能力进行回归分析，结果如表 6.31 所示。

表 6.31　校企协同行为与创业能力的回归分析

常用指标	非标准化回归系数		标准化回归系数	t	P	VIF	R^2	调整 R^2	F
	B	标准误	Beta						
常数	1.001	0.106	—	9.414	0.000**	—	0.415	0.414	$F(1, 686)$ $=486.832$, $P=0.000$
校企协同行为	0.673	0.03	0.644	22.064	0.000**	1			

注：因变量为创业能力，D–W 值为 2.095，$^*P < 0.05$，$^{**}P < 0.01$。

将校企协同行为作为自变量，而将创业能力作为因变量进行线性回归分析，可以看出，模型公式为创业能力 =1.001+0.673× 校企协同行为，模型 R^2 为 0.415，意味着校企协同行为可以解释创业能力 41.5% 的变化原因。对模型进行 F 检验时发现模型通过 F 检验（F=486.832，P=0.000），说明校企协同行为一定会对创业能力产生影响。具体分析可知：校企协同行为的回归系数为 0.673（t=22.064，P=0.000），意味着校企协同行为会对创业能力产生显著的正向影响。

（2）自变量与中介变量。

检验自变量对中介变量的回归系数。对自变量校企协同行为的各维度与中介变量资源拼凑进行回归分析，结果如表 6.32 所示。

表 6.32　校企协同行为与资源拼凑的回归分析结果（n=688）

常用指标	非标准化回归系数		标准化回归系数	t	P	VIF	R^2	调整 R^2	F
	B	标准误	Beta						
常数	1.073	0.074	—	14.426	0.000**	—	0.604	0.603	$F(1, 686)$ $=1045.932$, $P=0.000$
资源拼凑	0.696	0.022	0.777	32.341	0.000**	1			

注：因变量为校企协同行为，D–W 值为 2.024，$^*P < 0.05$，$^{**}P < 0.01$。

将资源拼凑作为自变量，而将校企协同行为作为因变量进行线性回归分析，可以看出，模型公式为校企协同行为 =1.073+0.696× 资源拼凑，模型 R^2 为 0.604，意味着资源拼凑可以解释校企协同行为 60.4% 的变化原因。对模型进行 F 检验时发现模型通过 F 检验（F=1045.932，P=0.000），说明资源拼凑一定会对校企协同行为产生影响。具体分析可知：资源拼凑的回归系数为 0.696（t=32.341，P=0.000），意味着资源拼凑会对校企协同行为产生显著的正向影响。

（3）中介变量与因变量。

检验中介变量对因变量的回归系数 b。将中介变量资源拼凑的各维度与因变量创业能力做回归分析，结果如表 6.33 所示。

表 6.33　资源拼凑与创业能力的线性回归分析结果（$n=688$）

常用指标	非标准化回归系数		标准化回归系数	t	P	VIF	R^2	调整 R^2	F
	B	标准误	Beta						
常数	1.034	0.086	—	12.056	0.000**	—	0.517	0.516	$F(1, 686)$ =734.746, $P=0.000$
资源拼凑	0.673	0.025	0.719	27.106	0.000**	1			

注：因变量为创业能力，D-W 值为 2.175，*$P < 0.05$，**$P < 0.01$。

将资源拼凑作为自变量，而将创业能力作为因变量进行线性回归分析，可以看出，模型公式为创业能力 =1.034+0.673× 资源拼凑，模型 R^2 为 0.517，意味着资源拼凑可以解释创业能力 51.7% 的变化原因。对模型进行 F 检验时发现模型通过 F 检验（$F=734.746$，$P=0.000$），说明资源拼凑一定会对创业能力产生影响。具体分析可知：资源拼凑的回归系数为 0.673（$t=27.106$，$P=0.000$），意味着资源拼凑会对创业能力产生显著的正向影响。

（4）中介变量作为控制变量。

根据中介效应的检验步骤，检验系数 c 的显著性。将中介变量资源拼凑看作控制变量，再次对自变量校企协同行为的各维度和因变量创业能力进行回归分析，结果如表 6.34 所示。

表 6.34　中介效应作用检验汇总的线性回归分析结果

常用指标	非标准化回归系数		标准化回归系数	t	P	VIF	R^2	调整 R^2	F
	B	标准误	Beta						
常数	1.001	0.106	—	9.414	0.000**	—	0.422	0.421	$F(1, 686)$ =484.812, $P=0.000$
校企协同行为	0.673	0.03	0.61	21.012	0.000**	1			

注：因变量为创业能力，D-W 值为 2.095，*$P < 0.05$，**$P < 0.01$。

由表 6.34 可以看出，将资源拼凑看作控制变量时，虽然在相关性上 $P < 0.05$ 仍表现为显著，但是回归系数有减弱趋势。因此，依据对中介效应的判断标准，本研究得出以下结论：在校企协同行为对大学生创业能力的关系中，资源拼凑显著地发挥部分中介效应，假设 H4 得到支持。

6.6.5　调节作用检验

6.6.5.1　调节作用的检验方法介绍

研究认为，当因变量 Y 与自变量 X 之间的关系是某个变量 M 的函数时，该变量 M 即可称为调节变量。调节效应模型如图 6.4 所示，调节变量可以是定性的数据，也可以是定量的数据，其作用主要是影响因变量 Y 与自变量 X 之间关系的方向（正、负）和强弱。

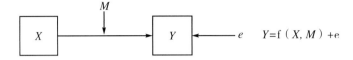

图 6.4 调节效应示意图

根据上述检验思想，潜变量调节效应的具体检验步骤如下：首先将各潜变量的所有观测变量作中心化处理，得到新的数据串；然后将自变量与调节变量的各观测指标配对相乘，生成新的配对乘积指标作为交互变量 $X \cdot M$ 的观测指标。

6.6.5.2 创业政策调节作用的检验

创业政策的调节作用模型如图 6.5 所示。

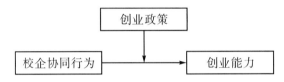

图 6.5 创业政策调节作用模型

根据有学者提出的无约束方程法构建调节效应模型，并运用 AMOS 软件进行拟合检验。拟合结果及参数值如表 6.35 所示。调节作用可分为 3 个模型。其中，模型 1 包括自变量校企协同行为，模型 2 在模型 1 的基础上加入调节变量创业政策，模型 3 在模型 2 的基础上加入交互项（即自变量与调节变量的乘积项）。针对模型 1，其目的在于研究在不考虑调节变量创业政策时，自变量校企协同行为对于因变量创业能力的影响情况。自变量校企协同行为呈现出显著性（$t=22.064$，$P=0.000$），意味着校企协同行为对于创业能力会产生显著影响。调节效应叮通过 2 种方式进行查看：第一种是查看模型 2 到模型 3 时，F 值变化的显著性；第二种是查看模型 3 中交互项的显著性。本研究以第二种方式分析调节效应。

表 6.35 创业政策调节作用分析结果

项		常数	校企协同行为	创业政策	校企协同行为 × 创业政策	R^2	调整 R^2	F 值	ΔR^2	ΔF 值
模型1	B	3.302	0.673			0.415	0.414	$F=(1, 686)$ $=486.832$, $P=0.000$	0.415	$F=(1, 686)$ $=486.832$, $P=0.000$
	标准误	0.021	0.03							
	t	159.494	22.064							
	P	0.000**	0.000**							
	β	—	0.644							

续表

项		常数	校企协同行为	创业政策	校企协同行为×创业政策	R^2	调整 R^2	F 值	ΔR^2	ΔF 值
模型2	B	3.302	0.287	0.529		0.574	0.573	$F(2, 685)$ $=461.740$, $P=0.000$	0.159	$F(1, 685)$ $=255.814$, $P=0.000$
	标准误	0.018	0.035	0.033						
	t	186.782	8.093	15.994						
	P	0.000**	0.000**	0.000**						
	β	—	0.275	0.544						
模型3	B	3.313	0.288	0.519	0.033	0.577	0.575	$F=(3, 684)$ $=310.947$, $P=0.000$	0.003	$F=(1, 684)$ $=4561$, $P=0.033$
	标准误	0.018	0.035	0.033	0.015					
	t	180.321	8.143	15.568	2.136					
	P	0.000**	0.000**	0.000**	0.033*					
	β	—	0.276	0.533	0.054					

注：因变量为创业能力，*$P < 0.05$，**$P<0.01$。

从表 6.35 可知，校企协同行为与创业政策的交互项呈现出显著性（$t=2.136$，$P=0.033$），意味着校企协同行为对于创业能力产生影响时，调节变量（创业政策）在不同水平，影响幅度会有差异，说明在校企协同行为对大学生创业能力的关系中，创业政策具有显著的调节作用，假设 H5 得到支持。

6.6.5.3 校园创新氛围调节作用的检验

校园创新氛围的调节作用模型如图 6.6 所示。

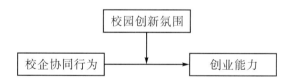

图 6.6 校园创新氛围调节作用模型

根据无约束方程法构建调节效应模型，并运用 AMOS 软件进行拟合检验，拟合结果及参数值如表 6.36 所示。调节作用可分为 3 个模型。其中，模型 1 包括自变量校企协同行为，模型 2 在模型 1 的基础上加入调节变量校园创新氛围，模型 3 在模型 2 的基础上加入交互项。针对模型 1，其目的在于研究在不考虑调节变量校园创新氛围时，自变量校企协同行为对于因变量创业能力的影响情况。自变量校企协同呈现出显著性（$t=22.064$，$P=0.000$），意味着校企协同行为对于创业能力会产生显著影响。调节效应可通过 2 种方式进行查看：第一种是查看模型 2 到模型 3 时，F 值变化的显著性；第二种是查看模型 3 中交互项的显著性。本研究以第二种方式分析调节效应。

表 6.36 校园创新氛围调节作用分析结果

项		常数	校企协同行为	创业政策	校企协同行为 × 创业政策	R^2	调整 R^2	F 值	ΔR^2	ΔF 值
模型1	B	3.302	0.673			0.415	0.414	$F=(1, 686)$ $=486.832$, $P=0.000$	0.415	$F=(1, 686)$ $=486.832$, $P=0.000$
	标准误	0.021	0.03							
	t	159.494	22.064							
	P	0.000**	0.000**							
	β	—	0.644							
模型2	B	3.302	0.374	0.378		0.496	0.495	$F(2, 685)$ $=337.220$, $P=0.000$	0.081	$F(1, 685)$ $=110.149$, $P=0.000$
	标准误	0.019	0.04	0.036						
	t	171.715	9.318	10.495						
	P	0.000**	0.000**	0.000**						
	β	—	0.358	0.404						
模型3	B	3.317	0.377	0.363	0.041	0.501	0.498	$F=(3, 684)$ $=228.565$, $P=0.000$	0.005	$F=(1, 684)=6.18$, $P=0.013$
	标准误	0.02	0.04	0.036	0.017					
	t	165.134	9.417	9.951	2.483					
	P	0.000**	0.000**	0.000**	0.013*					
	β	—	0.361	0.387	0.069					

注：因变量为创业能力，*$P<0.05$，**$P<0.01$。

从表 6.36 可知，校企协同行为与校园创新氛围的交互项呈现出显著性（$t=2.483$，$P=0.013$），意味着校企协同行为对于创业能力产生影响时，调节变量校园创新氛围在不同水平，影响幅度会有差异，说明在校企协同行为对大学生创业能力的关系中，校园创新氛围具有显著的调节作用，假设 H6 得到支持。

6.7 稳健性检验

回归分析是指对具有高度相关关系的现象，根据其相关的形态，建立一个适当的数学模型（函数式），来近似地反映变量之间关系的统计分析方法。利用这种方法建立的数学模型称为回归方程，其实际上是相关现象之间不确定、不规则的数量关系的一般化。为研究自变量校企协同行为与因变量创业能力的影响关系，将在此小节进行回归分析。

6.7.1 模型拟合情况

首先分析模型拟合情况，即通过 R^2 分析模型拟合情况，并对 VIF 值进行分析，判断模型是否存在共线性问题，分析结果如表 6.37 所示。

表 6.37 校企协同行为等对创业能力影响线性回归分析结果

常用指标	非标准化回归系数		标准化回归系数	t	P	VIF	R^2	调整 R^2	F
	B	标准误	Beta						
常数	0.393	0.092	—	4.288	0.000**	—			
校企协同行为	0.046	0.043	0.044	1.076	0.282	3.054			
校园创新氛围	−0.012	0.044	−0.013	−0.271	0.786	4.015	0.629	0.627	$F(4, 683) = 289.905$, $P=0.000$
创业政策	0.435	0.044	0.447	9.787	0.000**	3.851			
资源拼凑	0.368	0.036	0.393	10.084	0.000**	2.8			

注：因变量为创业能力，D–W 值为 2.165，*$P < 0.05$，**$P < 0.01$。

将校企协同行为、校园创新氛围、创业政策、资源拼凑作为自变量，而将创业能力作为因变量进行线性回归分析，可以看出，模型公式为创业能力 =0.393+0.046× 校企协同行为 –0.012× 校园创新氛围 +0.435× 创业政策 +0.368× 资源拼凑，模型 R^2 为 0.629，意味着校企协同行为、校园创新氛围、创业政策、资源拼凑可以解释创业能力 62.9% 的变化原因。对模型进行 F 检验时，发现模型通过 F 检验（$F=289.905$，$P=0.000$），即说明校企协同行为、校园创新氛围、创业政策、资源拼凑中至少有一项会对创业能力产生影响。另外，针对模型的多重共线性进行检验，发现模型中 VIF 值均小于 5，意味着不存在共线性问题；D–W 值在数字 2 附近，说明模型不存在自相关性，样本数据之间并没有关联关系，模型在这一特性上是较为良好的。最终分析可知：校企协同行为的非标准化回归系数为 0.046（$t=1.076$，$P=0.282$），意味着校企协同行为并不会对创业能力产生影响；校园创新氛围的非标准化回归系数值为 –0.012（$t=-0.271$，$P=0.786$），意味着校园创新氛围并不会对创业能力产生影响；创业政策的非标准化回归系数为 0.435（$t=9.787$，$P=0.000$），意味着创业政策会对创业能力产生显著的正向影响关系；资源拼凑的非标准化回归系数为 0.368（$t=10.084$，$P=0.000$），意味着资源拼凑会对创业能力产生显著的正向影响。

总结分析可知：创业政策、资源拼凑会对创业能力产生显著的正向影响，但是校企协同行为、校园创新氛围并不会对创业能力产生影响。

6.7.2 F 检验

F 检验用于检验回归模型是否有意义，如果模型通过 F 检验（$P < 0.05$），说明模型构

建有意义，即至少有一个 X 会对 Y 产生影响；如果模型没有通过 F 检验（$P > 0.05$），说明模型构建无意义，即 X 均不会对 Y 产生影响。检验结果如表 6.38 所示。

表 6.38　ANOVA 表格（中间过程）

常用指标	平方和	df	均方	F	P 值
回归	217.625	4	54.406	289.905	0
残差	128.178	683	0.188		
总计	345.804	687			

从表 6.38 可知，对模型进行 F 检验时，发现模型通过 F 检验（$F=289.905$，$P=0.000$），说明模型构建有意义。

6.7.3　模型稳健性验证

稳健性检验考查的是评价方法和指标解释能力的强壮性，也就是当改变某些参数时，评价方法和指标是否仍然对评价结果保持一个比较一致、稳定的解释。验证方法是通过改变某个特定的参数，进行重复的实验，来观察实证结果是否会随参数设定的改变而发生变化。如果改变参数设定以后，发现符号和显著性发生了改变，说明模型不具有稳健性，需要寻找问题的所在。本节将对模型稳健性进行验证，即先用 OLS 回归法得到结论，再用 Robust 回归法进行分析。如果两种方法所得结论基本一致，则说明结论稳健可靠。

6.7.3.1　校企协同行为对创业能力影响的 OLS 回归分析

OLS 回归分析用于研究校企协同行为对创业能力的影响关系，即是否有影响关系、影响方向及影响程度如何，结果如表 6.39 所示。

表 6.39　校企协同行为等对创业能力影响的 OLS 回归分析

常用指标	回归系数	标准误	t	P	R^2	调整 R^2	F
常数	0.393	0.116	3.372	0.001**			
校企协同行为	0.046	0.066	0.693	0.001**			$F(4, 683)$
校园创新氛围	0.012	0.049	0.240	0.620**	0.629	0.627	$=159.298$,
创业政策	0.435	0.057	7.689	0.000**			$P=0.000$
资源拼凑	0.368	0.054	6.813	0.000**			

注：因变量为创业能力，D–W 值为 2.165，$^*P < 0.05$，$^{**}P < 0.01$。

将校企协同行为、校园创新氛围、创业政策、资源拼凑进行 OLS 回归分析，并且使用 Robust 稳健标准误回归方法进行研究，可以看出，模型 R^2 为 0.629，意味着校企协同行为、校园创新氛围、创业政策、资源拼凑可以解释创业能力 62.9% 的变化原因。对模型进行 F 检验时发现模型通过 F 检验（F=159.298，P=0.000），即说明校企协同行为、校园创新氛围、创业政策、资源拼凑至少有一项会对创业能力产生影响，并得到模型公式：创业能力 =0.393+0.046× 校企协同行为 +0.012× 校园创新氛围 +0.435× 创业政策 +0.368× 资源拼凑。具体分析可知，校企协同行为的回归系数为 0.046，并呈现出 0.001 显著性（t=0.693，P=0.001），说明校企协同行为对创业能力产生显著的正向影响；校园创新氛围的回归系数为 0.012，但是并没有呈现出显著性（t=0.240，P=0.620），意味着校园创新氛围并不会对创业能力产生影响；创业政策的回归系数 0.435，并且呈现出 $P < 0.01$ 水平显著性（t=7.689，P=0.000），意味着创业政策会对创业能力产生显著的正向影响；资源拼凑的回归系数为 0.368，并且呈现出 $P < 0.01$ 水平显著性（t=6.813，P=0.000），意味着资源拼凑会对创业能力产生显著的正向影响。

总结分析可知，校企协同行为、资源拼凑、创业政策会对创业能力产生显著的正向影响，但校园创新氛围不会对创业能力产生影响。

6.7.3.2　校园创新氛围对创业能力影响的 Robust 回归分析

如果数据中存在异常值，此时常规线性回归会受到异常值影响，需要使用 Robust 回归（稳健回归）。Robust 回归的使用场景有 2 个，一是数据中存在异常值时进行回归分析，二是对于回归结论的稳定性进行验证。

由于在上部分 OLS 回归分析中，校园创新氛围没有呈现出显著性，即校园创新氛围并不会对创业能力产生影响，因此对于这个异常值，我们将继续使用 Robust 回归法（也称 M 估计法）来解决异常数据。结果如表 6.40 所示。

表 6.40　校园创新氛围对创业能力影响的 Robust 回归分析结果

常用指标	回归系数	标准误	t	P	95% CI	R^2	调整 R^2	F
常数	1.05	0.095	11.088	0.000**	0.865～1.236	0.43	0.429	F（1，686）=517.000，P=0.000
校园创新氛围	0.625	0.025	24.621	0.000**	0.575～0.675			

注：因变量为创业能力，*$P < 0.05$，**$P < 0.01$。

从表 6.40 可知，将校园创新氛围进行 Robust 回归法（M 估计法），校园创新氛围的回归系数值为 0.625（t=24.621，P=0.000），意味着校园创新氛围会对创业能力产生显著的正向影响。

总结分析可知，校企协同行为、校园创新氛围、创业政策、资源拼凑等均会对创业能力产生显著的正向影响。

结合前文多元回归分析结果，对本研究假设进行检验的结果汇总如表 6.41 所示。

表 6.41　本研究的假设检验结果汇总

假设	假设内容	结果
H1	校企协同行为对大学生创业能力具有正向影响	支持
H1a	教学资源对大学生创业能力具有正向影响	支持
H1b	实践资源对大学生创业能力具有正向影响	支持
H1c	文化资源对大学生创业能力具有正向影响	支持
H1d	社会资源对大学生创业能力具有正向影响	支持
H2	校企协同行为对资源拼凑具有正向影响	支持
H2a	教学资源对资源拼凑具有正向影响	支持
H2b	实践资源对资源拼凑具有正向影响	支持
H2c	文化资源对资源拼凑具有正向影响	支持
H2d	社会资源对资源拼凑具有正向影响	支持
H3	资源拼凑对大学生创业能力具有正向影响	支持
H3a	利用式资源拼凑对大学生创业能力具有正向影响	支持
H3b	探索式资源拼凑对大学生创业能力具有正向影响	支持
H4	资源拼凑在校企协同行为和大学生创业能力之间存在部分中介效应作用	支持
H5	创业政策在校企协同行为和大学生创业能力之间具有显著的调节作用	支持
H6	校园创新氛围在校企协同行为和大学生创业能力之间具有显著的调节作用	支持

6.8　比较研究

为确保研究结论更加可靠有效，本研究于 2023 年 3 月 1—15 日在滇黔桂地区的 20 所应用型高校，征集 128 名有创业经验的学生填写调查问卷，并对数据进行分析后，与正式样本的分析结果进行比较，以更好地研究在"校企协同行为—资源拼凑—创业能力"关系模型中，校企协同创新行为、资源拼凑、校园创新氛围、创业政策和创业能力的影响关系。

本部分数据使用 SPSS 23.0 和 AMOS 24.0 统计分析软件，依次进行信度和效度分析、相关性分析、回归分析、中介效应检验、调节作用检验，并将结果与正式样本的结果进行比较。

6.8.1　基础指标比较

从表 6.42 可以看出，创业经验样本（100% 的学生有创业经验）的对应题项测量值均高于正式样本（94.19% 的学生没有创业经验）的对应题项测量值，意味着创业经验样本（100% 的学生有创业经验）的学生群体对此次调研内容的整体认可度更高。

表 6.42　基础指标比较

指标	变量	样本量	平均值	标准差	中位数
正式样本（94.19% 没有创业经验）	校企协同行为	688	3.42	0.90	3.47
	资源拼凑	688	3.38	0.84	3.00
	创业能力	688	3.26	0.87	3.00
	创业政策	688	3.53	0.08	3.00
	校园创新氛围	688	3.61	0.82	3.75
创业经验样本（100% 有创业经验）	校企协同行为	128	3.43	1.47	3.75
	资源拼凑	128	3.63	1.47	4.00
	创业能力	128	3.68	1.42	3.91
	创业政策	128	3.63	1.42	4.00
	校园创新氛围	128	3.71	1.47	4.00

6.8.2　信度和效度分析比较

本研究采用 SPSS 23.0 对各变量量表进行信度和效度检验。从表 6.43 可以看出各个变量的克隆巴赫系数均在 0.9 以上，因此总体来看本问卷具有较高的可信度。

表 6.43　变量的信度分析表

变量	校企协同行为	资源拼凑	创业能力	创业政策	校园创新氛围
克隆巴赫系数	0.950	0.932	0.957	0.906	0.919

通过比较我们发现在创业经验样本（100% 的学生有创业经验）和正式样本（94.19% 的学生没有创业经验）的信度效度检测中，两组样本的克隆巴赫系数均在 0.9 以上，共同度值均高于 0.4，KMO 值均大于 0.6，因子载荷系数绝对值均大于 0.4，意味着两组样本的量表都具有良好的信度和效度（见表 6.44）。

表 6.44　变量的 KMO 和巴特利特球形检验及探索性因子检验

名称	校企协同行为	资源拼凑	创业能力	创业政策	校园创新氛围	累计方差解释率（旋转前,%）	累积方差解释率（旋转后,%）	KMO 值	巴特球形值	df	P 值
因子载荷系数	0.75	0.87	0.88	0.88	0.91	69.89	69.89	0.923	5862.209	1081	0.00
共同度	0.68	0.75	0.71	0.75	0.81	—	—				

从表 6.44 可以看出，所有研究项对应的共同度值均高于 0.6，说明研究项信息可以被有效提取。另外，KMO 值为 0.923，大于 0.6，意味着数据具有效度。另外，1 个因子的方差解释率是 69.89%，旋转后累积方差解释率为 69.89%，大于 50%，意味着研究项的信息量可以有效提取出来。最后，因子载荷系数绝对值均大于 0.4，说明选项和因子有对应关系，因此可进行下一步分析。

6.8.3 相关性分析比较

将创业能力与校企协同行为、资源拼凑、创业政策、校园创新氛围的相关性进行分析比较，结果见表 6.45。

表 6.45 各变量间的相关关系

	创业能力	校企协同行为	资源拼凑	创业政策	校园创新氛围
创业能力	1				
校企协同行为	0.736**	1			
资源拼凑	0.648**	0.823**	1		
创业政策	0.713**	0.581**	0.671**	1	
校园创新氛围	0.713**	0.707**	0.678*	0.840**	1

注：*$P < 0.05$ **$P < 0.01$。

创业能力与校企协同行为、资源拼凑、创业政策、校园创新氛围 4 项的相关系数值分别是 0.736、0.648、0.713、0.713，相关系数值均大于 0，意味着创业能力与校企协同行为、资源拼凑、创业政策、校园创新氛围 4 项之间有着正相关关系。

通过比较，我们发现在创业经验样本（100% 的学生有创业经验）和正式样本（94.19% 的学生没有创业经验）的相关性分析中，创业能力与校企协同行为、资源拼凑、创业政策、校园创新氛围之间均有着正相关关系。

6.8.4 回归分析比较

校企协同行为与创业能力的标准化回归系数为 0.702，校企协同行为与资源拼凑的标准化回归系数为 0.755，资源拼凑与创业能力的标准化回归系数为 0.809，假设 H1、H2、H3 成立，结果见表 6.46。

表 6.46 模型回归系数汇总表

X	回归影响关系	Y	非标准化回归系数	SE	Z	P	标准化回归系数
校企协同行为	→	资源拼凑	0.830	0.121	6.872	0.000	0.755
校企协同行为	→	创业能力	0.709	0.104	6.111	0.000	0.702
资源拼凑	→	创业能力	0.701	0.111	6.321	0.000	0.809

再看表 6.47 正式样本（94.19% 的学生没有创业经验）的结果，校企协同行为与创业能力的回归系数为 0.673，校企协同行为与资源拼凑的回归系数值为 0.696，资源拼凑与创业能力的回归系数为 0.673，均呈现出差异极显著（$P < 0.01$），假设 H1、H2、H3 成立，结果见表 6.47。

表 6.47 线性回归分析表 – 正式样本（94.19% 的学生没有创业经验）

| 常用指标 | 非标准化回归系数 | | 标准化回归系数 | t | P | VIF | R^2 | 调整 R^2 | F |
	B	标准误	Beta						
校企协同行为→创业能力	0.673	0.03	0.644	22.064	0.000**	1	0.415	0.414	486.832,
校企协同行为→资源拼凑	0.696	0.022	0.777	32.341	0.000**	1	0.604	0.603	1045.932
资源拼凑→创业能力	0.673	0.025	0.719	27.106	0.000**	1	0.517	0.516	734.746,

注：→表示回归影响关系；$^*P < 0.05$，$^{**}P < 0.01$。

通过比较表 6.46 和表 6.47 的结果，我们发现创业经验样本（100% 的学生有创业经验）在假设 H1、H2、H3 中的回归系数均大于正式样本（94.19% 的学生没有创业经验）的，正向影响更加显著。

6.8.5 中介效应作用比较

中介效应分析共涉及 3 个模型，创业能力 =0.974+0.697× 校企协同行为，资源拼凑 =0.402+0.882× 校企协同行为，创业能力 =0.756+0.219× 校企协同行为 +0.542× 资源拼凑，结果见表 6.48。

表 6.48 中介效应分析表

		常数	校企协同行为	资源拼凑	R^2	调整 R^2	F 值
创业能力	B	0.974**	0.697**		0.464	0.464	$F(1, 1337)$ =1159.596, P=0.000
	标准误	0.067	0.020				
	t	14.436	34.053				
	P	0.000	0.000				
	β	—	0.682				
资源拼凑	B	0.402**	0.882**		0.604	0.603	$F(1, 1337)$ =2036.048, P=0.000
	标准误	0.064	0.020				
	t	6.237	45.123				
	P	0.000	0.000				
	β	—	0.777				

续表

		常数	校企协同行为	资源拼凑	R^2	调整 R^2	F 值
创业能力	B	0.756^{**}	0.219^{**}	0.542^{**}	0.608	0.607	$F(2, 1336)$ $=1035.864$, $P=0.000$
	标准误	0.059	0.028	0.024			
	t	12.907	7.868	22.112			
	P	0.000	0.000	0.000			
	β	—	0.214	0.602			

注：$^*P<0.05$，$^{**}P<0.01$。

从表 6.49 的结果来看，资源拼凑在校企协同行为和大学生创业能力之间的中介效应为 0.478，中介效应占比为 68.587%，发挥部分中介效应作用，假设 H4 成立。

表 6.49　中介效应量结果

项	检验结论	c 总效应	$a×b$ 中介效应	c' 直接效应	效应占比计算公式	效应占比
校企协同行为→资源拼凑→创业能力	部分中介	0.697	0.478	0.219	$a×b/c$	68.587%

注：→表示回归影响关系。

再看表 6.50 正式样本（94.19% 的学生没有创业经验）的中介效应量结果，资源拼凑在校企协同行为和大学生创业能力之间的中介效应为 0.409，中介效应占比为 58.601%，发挥部分中介效应作用，假设 H4 成立。

表 6.50　中介效应量结果 – 正式样本（94.19% 的学生没有创业经验）

项	检验结论	c 总效应	$a×b$ 中介效应	c' 直接效应	效应占比计算公式	效应占比
校企协同行为→资源拼凑→创业能力	部分中介	0.697	0.409	0.289	$a×b/c$	58.601%

注：→表示回归影响关系。

通过对比发现，创业经验样本（100% 的学生有创业经验）的资源拼凑中介效应要强于正式样本（94.19% 的学生没有创业经验）的中介效应，意味着对有创业经验的学生而言，资源拼凑的作用更大。

6.8.6　调节作用比较

从表 6.51 可知，调节作用可分为 3 个模型。其中，模型 1 包括自变量（校企协同行为），模型 2 在模型 1 的基础上加入调节变量（创业政策），模型 3 在模型 2 的基础上加入交互项（自变量与调节变量的乘积项）。从表 6.51 中可知，校企协同行为与创业政策的交互项呈现出显著性（$t=2.180$，$P=0.027$），意味着当校企协同行为对于创业能力产生影响时，调节变量（创业政策）在不同水平，影响幅度会具有显著性差异，说明当校企协同行为对创业能力产生影响时，创业政策起正向调节作用，假设 H5 成立。

表 6.51　创业政策的调节效应分析

项		常数	校企协同行为	创业政策	校企协同行为 × 创业政策	R^2	调整 R^2	F 值	ΔR^2	ΔF 值
模型1	B	2.682	0.647			0.420	0.415	$F(1,126)$ $=91.258$, $P=0.000$	0.420	$F(1,126)$ $=91.258$, $P=0.000$
	标准误	0.075	0.068							
	t	35.917	9.553							
	P	0.000**	0.000**							
	β	—	0.648							
模型2	B	2.682	0.374	0.349		0.492	0.484	$F(2,125)$ $=60.648$, $P=0.000$	0.072	$F(1,125)$ $=17.840$, $P=0.000$
	标准误	0.070	0.091	0.083						
	t	38.242	4.124	4.224						
	P	0.000**	0.000**	0.000**						
	β	—	0.375	0.384						
模型3	B	2.690	0.379	0.349	0.099	0.493	0.480	$F(3,124)$ $=40.130$, $P=0.000$	0.000	$F(1,124)$ $=0.032$, $P=0.857$
	标准误	0.085	0.095	0.083	0.050					
	t	31.596	3.999	4.208	2.180					
	P	0.000**	0.000**	0.000**	0.027*					
	β	—	0.379	0.384	0.012					

注：因变量为创业能力，$*P<0.05$，$**P<0.01$。

再看表 6.52 正式样本（94.19% 的学生没有创业经验）的创业政策调节作用，校企协同行为与创业政策的交互项呈现出显著性（$t=2.136$，$P=0.033$），意味着当校企协同行为对于创业能力产生影响时，调节变量（创业政策）在不同水平，影响幅度会具有差异，说明创业政策起正向调节作用，假设 H5 成立。

表 6.52　创业政策的调节效应分析 – 正式样本（94.19% 的学生没有创业经验）

	项	常数	校企协同行为	创业政策	校企协同行为 × 创业政策	R^2	调整 R^2	F 值	ΔR^2	ΔF 值
模型 1	B	3.302	0.673							
	标准误	0.021	0.03					F（1，686）=186.632，P=0.000		F（1，686）=186.832，P=0.000
	t	159.484	22.064			0.415	0.414		0.415	
	P	0.000**	0.000**							
	β	—	0.644							
模型 2	B	3.302	0.287	0.529						
	标准误	0.018	0.035	0.033				F（2，685）=461.740，P=0.000		F（1，685）=255.814，P=0.000
	t	186.782	8.093	15.994		0.574	0.573		0.159	
	P	0.000**	0.000**	0.000**						
	β	—	0.275	0.544						
模型 3	B	3.313	0.288	0.519	0.033					
	标准误	0.018	0.035	0.033	0.015			F（3，684）=310.947，P=0.000		F（1，684）=4.561，P=0.033
	t	180.321	81.43	15.568	2.136	0.577	0.575		0.000	
	P	0.000**	0.000**	0.000**	0.033*					
	β	—	0.276	0.533	0.054					

注：因变量为创业能力，*P<0.05，**P<0.01。

从表 6.53 中可知，校企协同行为与校园创新氛围的交互项呈现出显著性（t=2.554，P=0.022），意味着当校企协同行为对于创业能力产生影响时，调节变量（校园创新氛围）在不同水平，影响幅度会具有显著性差异，说明当校企协同行为对创业能力产生影响时，校园创新氛围起正向调节作用，假设 H6 成立。

表 6.53　校园创新氛围的调节效应分析

	项	常数	校企协同行为	创业政策	校企协同行为 × 创业政策	R^2	调整 R^2	F 值	ΔR^2	ΔF 值
模型 1	B	3.152	0.697							
	标准误	0.022	0.020					F（1，1337）=1159.596，P=0.000		F（1，1337）=1159.596，P=0.000
	t	146.238	34.053			0.464	0.464		0.464	
	P	0.000**	0.000**							
	β	—	0.682							

续表

项		常数	校企协同行为	创业政策	校企协同行为 × 创业政策	R^2	调整 R^2	F 值	ΔR^2	ΔF 值
模型2	B	3.152	0.414	0.306		0.524	0.524	$F(2, 1336)$ =736.615, P=0.000	0.060	$F(1, 1336)$ =168.425, P=0.000
	标准误	0.020	0.029	0.024						
	t	155.125	14.223	12.978						
	P	0.000**	0.000**	0.000**						
	β	—	0.405	0.369						
模型3	B	3.136	0.405	0.305	0.815	0.525	0.524	$F(3, 1335)$ =491.488, P=0.000	0.000	$F(1, 1335)$ =1.111, P=0.292
	标准误	0.025	0.030	0.024	0.014					
	t	125.577	13.299	12.929	2.554					
	P	0.000**	0.000**	0.000**	0.022*					
	β	—	0.396	0.368	0.022					

注：因变量为校园创新氛围，*P<0.05，**P<0.01。

再看表 6.54 正式样本（94.19% 的学生没有创业经验）的校园创新氛围调节作用，校企协同行为与校园创新氛围的交互项呈现出显著性（t=2.483，P=0.013），这意味着当校企协同行为对于创业能力产生影响时，调节变量（校园创新氛围）在不同水平，影响幅度会具有差异，说明校园创新氛围起正向调节作用，假设 H6 成立。

通过对创业政策和校园创新氛围的调节作用进行比较，我们发现在创业经验样本（100% 的学生有创业经验）中，创业政策和校园创新氛围在不同水平时，二者影响幅度差异大于在正式样本（94.19% 的学生没有创业经验）中的差异。

表 6.54　创业政策的调节效应分析 – 正式样本（94.19% 的学生没有创业经验）

项		常数	校企协同行为	校园创新氛围	校企协同行为 × 校园创新氛围	R^2	调整 R^2	F 值	ΔR^2	ΔF 值
模型1	B	3.302	0.673			0.415	0.414	$F=(1, 686)$ =486.832, P=0.000	0.415	$F=(1, 686)$ =486.832, P=0.000
	标准误	0.021	0.03							
	t	159.494	22.064							
	P	0.000**	0.000**							
	β	—	0.644							

续表

项		常数	校企协同行为	校园创新氛围	校企协同行为 × 校园创新氛围	R^2	调整 R^2	F 值	ΔR^2	ΔF 值
模型2	B	3.302	0.374	0.378		0.496	0.495	$F(2, 685)$ =337.220, P=0.000	0.081	$F(1, 685)$ =110.149, P=0.000
	标准误	0.019	0.04	0.036						
	t	171.715	9.318	10.495						
	P	0.000**	0.000**	0.000**						
	β	—	0.358	0.404						
模型3	B	3.317	0.377	0.363	0.041	0.501	0.498	$F=(3, 684)$ =228.565, P=0.000	0.005	$F=(1, 684)$ =6.18, P=0.013
	标准误	0.02	0.04	0.036	0.017					
	t	165.134	9.417	9.951	2.483					
	P	0.000**	0.000**	0.000**	0.013*					
	β	—	0.361	0.387	0.069					

注：因变量为创业能力，*$P<0.05$，**$P<0.01$。

通过对创业政策和校园创新氛围的调节作用进行比较，我们发现在创业经验样本（100%的学生有创业经验）中，创业政策和校园创新氛围在不同水平时，二者影响幅度差异大于在正式样本（94.19%的学生没有创业经验）中的差异。

本章小结

本章对样本数据的质量进行分析，首先对样本信息进行描述性统计分析，随后对量表进行信度与效度分析，接着进行路径分析并确定了模型，再进行相关性分析与回归分析，并对中介效应作用与调节作用进行检验，最后进行稳健性检验。另外补充了一组具有创业经验的数据样本进行比较研究，最终验证了本研究构建的"校企协同行为—资源拼凑—创业能力"框架的关系假设，并得到了验证，为下一步结论分析提供了依据。

第七章　实践探索

本研究的意义不仅体现在对现有理论的补充和完善，还反映出当前滇黔桂地区校企协同创新活动存在的实际问题。本章将进一步探讨前文实证研究的结果，对滇黔桂地区校企协同创新的现状进行深入分析，揭示其中存在的问题及成因。此外，本章还将通过多案例访谈研究，结合实证结论，寻求完善以校企协同创新助力大学生创业能力提升的实践方法，为完善滇黔桂地区校企协同创新提供有益的参考。

7.1　基于深度访谈的校企协同创新影响大学生创业能力案例分析

本研究从理论和实证 2 个层面对资源拼凑视角下的校企协同创新对大学生创业能力影响问题进行研究，并检验了本研究构建的模型和假设关系。通过对回收问卷的分析，发现当前滇黔桂地区高校在校企协同创新作用于提升大学生创业能力的实践过程中还存在许多问题，包括内外部创新动力不足和协同过程中学生能力参差不齐等。

本研究认为封闭式的问卷调查只能从问卷限定的问题中获得较为有限的信息，难以对当前校企协同创新实践过程有直接、深入的理解，也不能很好地挖掘实践过程中存在问题产生的背后原因。因此，仅依赖问卷调查的研究方法存在一定的局限性。针对这一问题，本研究在问卷实证研究的基础上，进一步采用访谈法，以期更全面地揭示滇黔桂地区校企协同创新所面临的问题及其成因，并尝试提出有效的对策建议。

7.1.1　访谈设计的目的

运用访谈法进行案例分析的思路得到了许多学者的认同。本研究通过与 3 所高校就校企协同创新内容进行深入沟通交流和分析，以获取被访谈对象在协同创新提升大学生创业能力实践过程中存在的问题。

本研究主要采用 2 种访谈形式：一是因果性研究，其目的是通过理论假设来解释社会现象，并对该现象的因果性进行考察，最终对已有理论进行验证；二是描述性研究，即在已有理论框架下对社会现象做出精确的描述，以加深研究者对理论和现实问题的认识和理解。

由于本研究前述内容已经对校企协同创新的协同行为、资源拼凑过程作用于大学生创业能力提升的过程进行了理论和实证层面的分析，构建了理论分析框架，并通过问卷调查法对本研究建立的校企资源拼凑视角下的校企协同创新对大学生创业能力影响假设进行了实证检验。因此本研究采用描述性访谈方法进一步探索当前校企协同创新作用于大学生创业能力提升的过程中存在的问题，以及造成这些问题的原因和影响程度，并尝试提出解决办法。

鉴于此，本节主要通过多案例访谈研究，结合实证结论，探索完善资源拼凑视角下的校企协同创新对大学生创业能力的影响机制，并提出针对性强的对策建议。

7.1.2 访谈设计的对象

本研究在实证研究部分将调查研究对象定位为应用型本科高校，是考虑到应用型本科高校更加强调产学研合作教育及实践教学，突出产学研相结合的办学模式，坚持科研与教学相结合，强调应用性开发研究，在这类高校内校企协同对创业教育的影响更大。由于滇黔桂共有 34 所应用型高等院校（云南省有 10 所，贵州省有 5 所，广西壮族自治区有 19 所），且这 34 所应用型高校中没有 211 高校，因此在案例研究部分，本研究选取滇黔桂地区更具有代表性的高校，而非仅限于应用型本科高校，最终确定对来自 3 所高校共 6 名学生进行深度访谈和补充调查，并形成报告。访谈选取的对象都是滇黔桂地区校企协同创新的代表高校。

高校 A 是一所包括文、法、理、工、农、医等学科在内，规模较大的中国著名大学之一，被列为首批国家"211 工程"重点建设大学；2017 年成为国家首批 42 所"一流大学"建设高校之一；2018 年跻身中西部 14 所"以部为主、部省合建"高校行列；2022 年继续入选第二轮国家"双一流"建设高校。在 2015—2020 深化高校创新创业教育改革优秀成果颁奖仪式暨创新创业教育高质量发展论坛上，高校 A 的多项创新创业教育成果获奖，并且获评 2015—2020 深化高校创新创业教育改革优秀成果"优秀组织奖"，是云南省唯一获奖高校。

高校 B 是教育部与贵州省人民政府共建高校，先后荣获"全国文明单位""全国文明校园""全国群众体育先进单位""全国法制宣传教育先进单位"等，先后获批博士学位授予单位、博士后科研流动站（中国语言文学、马克思主义理论、数学），入选"全国首批深化创新创业教育改革示范高校""全国高校实践育人创新创业基地""高等学校学科创新引智计划"高校。高校 B 重视创新创业教育教学工作统筹，坚持以"课程、实验（实训）、竞赛、培育、研究"为基础的具有自身特色的双创教育模式，开办创新实验教学班，探索新时代高校校企合作的新路径，全方位为学生植入"创新创业基因"，培养学生的创新精神，强化学生的创业意识，将创新创业教育融入人才培养的全过程。

高校 C 是工业和信息化部、国家国防科技工业局与广西壮族自治区人民政府共建高校，国家"中西部高校基础能力建设工程"入选高校，是全国 4 所电子科技大学之一，开设有本科专业 73 个。其中，国家级一流专业建设点 23 个、通过工程教育认证专业 19 个（含住房和城乡建设部行业认证 1 个）、国家综合改革试点专业 1 个、国家级特色专业 5 个；现有国家级一流本科课程 15 门，国家级思政示范课程 1 门，有国家级精品课程、国家级双语教学示范课程、国家级精品资源共享课程、国家级精品在线开放课程共 7 门。组织编写"十一五"和"十二五"国家级规划教材 9 部。获得高等教育国家级教学成果奖 6 项。现有博士学位授权一级学科点 8 个，博士后科研流动站 4 个，硕士学位授权一级学科点 21 个，硕士专业学位授权类别 12 个；是硕士研究生推免工作试点高校。工程学、材料科学、计算机科学、化学 4 个学科进入 ESI 全球前 1%。高校 C 设有科技园，该科技园一直以创新创业大赛为契机，充分发挥园区科技成果转化、科技企业孵化、科技创新创业人才培养、创新资源集成、开放协同发展等五大功能，深入挖掘校内优质双创资源，进一步促进师生科技成果入园转化和孵化，反哺学校创新创业人才培养。

7.1.3　访谈设计的内容

本研究参考第四章的理论分析框架和第六章的实证分析部分，设计出半结构化访谈提纲（见附录2），访谈主要围绕大学生在参与校企协同获得创业能力的过程中面临的问题及问题所产生的原因进行。在协同创新过程中，内部动力、外部动力、协同行为等问题和原因成为关注的焦点，本节主要针对这三个焦点进行深入挖掘和分析。除了依据访谈提纲对受访者进行提问，还根据访谈获取的信息追加提问。每位受访者访谈时间约为1个小时，访谈由至少2人组成的访谈小组参与，其中1人专门负责记录整理，其他人负责交流提问。除了受访者特别要求，访谈全程录音，并在访谈结束后立即进行整理和编码，通过三角互证对信息进行相互印证，以提升信度和效度。在访谈之前，还需要对受访者所在高校进行参观，以便对该学校有更直观的了解。

7.1.4　访谈设计的结果

根据本研究的理论分析框架，本访谈以校企协同创新主体的内外部动力和行为过程为核心，对当前校企协同创新存在的问题及原因进行深入分析并得出结论。

（1）组织自身层面存在的问题及初步分析。

从访谈的情况来看，当前校企双方虽然都十分肯定创新对于组织自身发展的重要作用，但是对于自身从事创新活动所要达到的目标却不够清晰明确，使得组织创新管理的过程中多次出现因组织自身惯性所产生的路径依赖导致的创新活动受阻，或者因组织目标不断变化导致的创新资源浪费。

某企业曾经为了方便企业的设计研发，委托高校C的软件学院科研团队开发了一套公司内部使用的软件系统。在付出开发费用后，经过与合作方反复讨论修改，最终该软件成功开发并交付。但是由于公司研发目标的转变，这套系统最终没有使用，所有投入资金全部浪费。

而高校A和高校B类似的因创新目标定位不清晰导致的资源浪费情况更多。如高校A曾经成立了很多校办企业推动技术转化，但是这类公司运营受到了高校自身管理规则惯例的阻碍，导致大多数校办产业的运行都不成功。高校A的研发经费中来自协同创新企业投入的横向经费所占比重很小，其经费主要来自政府拨款和纵向课题。协同创新主要是通过接受企业委托开发的形式进行。此外，高校A还为与之合作的企业提供人才联合培养服务，帮助企业研发人员提升技术创新能力，但是这些合作基本上仍然是以项目为纽带的中短期合作，长期合作不多。通过访谈还发现，高校A认为协同创新难以深入的一个原因是民营企业普遍规模较小，而高校内部从事科学研究的实验室和项目组也不具备与大型国有企业建立长期合作关系和战略联盟的经验和实力。截至2023年底，高校A也只与一家省属大型国有企业建立了长期的战略联盟关系。

访谈发现，为了增强自身的技术优势，高校和企业对于开展跨组织的校企协同创新项目都持有积极态度。但是高校往往在自身创新过程中，对于中期和长期的发展都缺乏明确和详尽的规划，或是规划并不具有可操作性和纠错机制，导致许多资源浪费的情况发生。企业创新是为了获得利润，高校创新是为了培养人才及发展高深知识，其共同目标都是保持自身的竞争力。

（2）学生参与度层面存在的问题及初步分析。

从访谈的情况来看，参与访谈的学生普遍认可校企协同创新活动可以提升大学生的创业能力，但是他们身边很多同学却对参与创新活动的积极性不高，参与度不深。A同学表示在他参与的项目中，能明显感觉对方企业的主要目的是获取廉价劳动力，根本不是为了共同培养人才。在参与过程中，企业方只是让他们重复单一的任务和环节，从不征求他们的意见，也没有组织培训，核心业务他们根本接触不到，所以A同学表示这样的活动他以后不会参加了。通过访谈看得出学校对于校企协同的项目把控不严、过程监督不够等因素，导致学生收获不多，进而对校企协同活动产生抵触心理，这非常不利于校企协同创新深入持续推进。

学生在校企协同创新过程中，得到资金、技术、政策等支持，会极大地激发其创新能力和创业行为。例如，B同学负责的大学生创业项目（某音乐APP）获得了企业的孵化，提供了5万元的创业基金及网络技术专业人员的加盟费，学校也给予用创业项目获得学分的政策支持。对此，B同学表示团队的人现在动力十足、信心百倍，项目肯定能获得成功，也非常感谢校企协同创新提供的平台。

访谈发现，高校和企业对参与校企协同行为学生的信任、包容，并提供良好的创新氛围，对学生参与度的提高和积极性的提升有明显的推动作用。C同学表示在参与校企协同项目的过程中，不管是企业领导还是同事，都很亲切、包容，觉得项目中的参与者都很友好，通过参与该项目，自己得到了很大的提升，变得敢于表达自己的想法；还表示该工作给了他很大的动力，每天都能接触到很多优秀的人，所以自己也想变得优秀起来。学生获得学校和企业的认可和信任，将有助于提高其对项目的归属感，更好地提升其创业能力。同样，鼓励创新、容忍错误都可以消除学生因创新失败或表达不当所带来的负面思考，帮助学生畅所欲言、自由表达自己的意见，并在这个过程中获得同事或团队的支持和反馈，提高其创业水平。

7.2 校企协同创新在提升大学生创业能力过程中存在的问题及原因分析

7.2.1 高校和企业参与校企协同创新内生动力的问题及原因分析

通过对访谈结果的深入分析，本研究认为组织内生动力还存在以下几个亟待解决的问题。

（1）校企协同双方缺乏长期合作的战略规划。通过访谈发现，当前校企协同创新主要依赖于特定技术项目的合作，并组建合资企业。虽然实体企业的建立可以使组织结构稳定，规章制度明确，但是这类企业仅针对某一个或几个特定技术进行转化和市场推广，没有实现校企双方的深度交互式协同。这种校企组织结构没有打破部门壁垒，也没有推动协同创新向纵深发展。因此，这种合资企业不能保证校企实现长期的协同创新活动，不论技术转化成功或失败，协同最后都会终止。

（2）校企协同创新中的创新激励机制尚不完善。通过访谈发现，高校在创新激励方面存在明显的成果导向，且这种导向常常存在滞后性。高校内部创新激励主要通过职称晋升考核及研究人员自己申请课题、项目资助的形式实现，创新很难迅速获得回报。然而，这些激励措施的实施效果仍有待提高。特别是高校教师的职称考核，可能需要在创新成果完成几年后才实现，而且这种激励通常需要获得同行评议认可，而不是依靠所获得的社会效益评判，这可能导致高校成员参与校企协同创新的动力降低。相比之下，企业在校企协同创新中的绩效考核机制相对较为完善，有贡献的员工更容易获得直接的奖励。企业通常会将创新与通过技术转化所获得的盈利状况密切联系在一起，这种将创新与盈利挂钩的做法，却可能导致企业在追求短期利益的过程中忽视了长期发展和可持续性发展。创新激励的不足，直接影响协同创新的整体氛围。

（3）校企双方之间缺乏密切的沟通与交流。通过访谈发现，校企双方之间在协同创新过程中的利益追求和认同存在差异，进而影响了协同目标的追求动力强度和努力方向。这种差异主要体现在以下3个方面。一是校企双方对于协同创新的目标和价值取向存在分歧。企业通常关注创新的短期经济效益，而学校更注重创新的长期社会效益。这种差异可能导致校企双方在协同创新过程中，对于目标的选择和优先级安排产生分歧，这种分歧可能会影响校企协同创新的效果和可持续性。二是校企双方在协同创新过程中的资源配置和分配存在差异。企业通常拥有丰富的市场经验和人力资源，而学校则拥有丰富的学术资源和专业知识。然而，在实际操作中，校企双方往往难以实现资源的共享和互补。这种差异可能导致校企协同创新过程中的资源浪费和效率低下。三是校企双方在协同创新过程中的利益分配和风险分担存在差异。企业通常更关注创新的风险和成本，而学校更关注创新的社会影响和道德责任，这种差异可能导致校企双方在协同创新过程中的利益分配和风险分担存在分歧。例如，企业可能更倾向于承担创新的风险和成本，而学校可能更倾向于承担创新的社会影响和道德责任，这种分歧可能会影响校企协同创新过程中的合作和信任。此外，校企在合作过程中可能会存在信息不对称的情况，也会导致合作过程中出现误解和沟通不畅的问题。针对以上问题，本研究认为协同关系在建立前和建立后，因信息不对称，校企双方之间都存在沟通与交流不足，导致校企双方在合作过程中出现误解等问题，是因为协同组织没有建立良好的沟通协调机制。

7.2.2 高校和企业参与校企协同创新外生动力的问题及原因分析

本研究通过对校企协同创新参与人员的深入访谈，发现高校和企业在外生动力方面存在一些亟待解决的问题。

（1）资金短缺制约着校企双方协同创新的目标的实现。

资金短缺是协同创新面临的严峻问题，严重制约着校企协同创新目标的实现。一方面，我国以国有银行为主体的金融体系对融资风险的审核监管非常严格，参与协同创新的高校和初创企业往往缺乏信用担保，因此想要获得融资非常困难。随着我国对融资监管的加强，融资难、融资贵的现象进一步加剧，这极大地限制了滇黔桂地区校企协同创新活动的发展。另一方面，我国的风险投资市场尚未完全成熟，市场规模相对较小，且发展不稳定，现阶段还无法成为校企协同创新活动的主要融资方式，不能满足校企协同创新活动的融资需求。

（2）科技管理和服务机构平台建设不到位制约着校企协同创新。

科技管理和服务机构平台的建设、管理水平，直接影响着校企协同创新的发展。滇黔桂地区各级政府建立的各类高新区和开发区如雨后春笋般涌现，各类由政府和高校、政府和科研院所牵头成立的科技孵化器更是数不胜数。科技孵化器本应为入孵项目单位提供研发、中试和产业化早期的生产办公场地及相应基础设施，并提供政策、法规、财务等方面的培训服务，以降低创新风险和创新成本，提高孵化校企协同创新项目的成功率，并促进科技成果转化、培养高新技术企业和企业家，然而，在实际操作过程中，孵化器建设却出现了名不副实、种类繁多的"跑马圈地"现象。校企双方在访谈中均表示，尽管政府或大学牵头推动了创新孵化园区的建设，但校企协同创新组织的吸引力和优惠政策不足，项目入驻审核不严，租金和物业费高昂且没有减免优惠，缺乏对项目孵化的指导和培训，导致许多孵化器最终变成了变相的商业地产项目，入驻企业签订协议缴纳租金后，管理部门就不再提供进一步服务和指导，没有真正发挥作用。

（3）校企双方无法完全调动各自所拥有的资源优势。

通过对校企双方的访谈研究发现，当前校企双方在协同创新过程中，并未充分利用各自所拥有的资源优势。校企双方普遍认为，他们所参与的协同创新仅限于单一技术开发或基于短期项目合作的目的进行联合，双方仅投入合作范围之内的资源，而合作双方所拥有的更广泛的资源，如市场和资金资源，并未被充分调动。产生这种结果的原因是多方面的：一是校企双方之间存在着信任程度低、利益冲突和信息不对称等问题；二是校企双方在合作过程中出现沟通不畅、合作目标不明确以及资源配置不合理等问题；三是协同创新可能存在潜在的冲突，这些冲突可能涉及知识产权的保护与侵犯、创新资源的复制与模仿等问题。

（4）校企协同双方不对等现象明显。

访谈发现，在校企协同中往往存在校企双方不对等的现象。部分高校研究人员对企业与学校"协同"的观念表示不认同，他们认为，当前与高校"协同"的企业主要是民营中小企业，这类企业尚不具备与高校建立正式创新联盟的资格。一些高校科技处的管理人员也表示，学校与企业的合作形式主要是企业向学校提供资金，学校则为企业提供技术开发、培训或专利外包等服务，他们并不认同这种合作形式，认为这并非真正的校企协同。从样本分析及深度访谈来看，当前的校企协同创新尚未从具体技术合作向深层次协同合作转变，校企双方并未将现有合作视为长远发展目标，也未明确未来发展的路线图。

（5）地方政府政策的制定和落实缺乏差异性和稳定性。

部分地方政府在创新创业领域的政策制定和落实过程中，未能充分论证政策实施条件、政策效果评估等重要因素，政策变动频繁，长期以来缺乏稳定性和差异性，直接影响政策的质量和效果。创业政策往往带有明显的"政绩工程"色彩，部分地方政府更倾向于通过壮大传统产业来获得更多财税收入。相比之下，校企协同创新虽然能够带来潜在的高收益，但是存在前期投入大、运营周期长、见效慢、风险高等问题，因此并未受到部分地方政府政策制定者的青睐。通过访谈得知，近年来滇黔桂地区的创新驱动发展战略不断实施，地方政府明显加大了对高校和科技创新企业的支持力度，从资金到平台全方位的支持，使协同驱动创新取得了很多进步。尽管如此，部分地方政府在创业政策制定和执行上仍然存在朝令夕改、人走茶凉的问题，这使得校企协同活动获得的政策导向不明确，对协同互动的深入发展存在疑虑。例如，一位受访者提到，其合作项目所在地区的政府曾支持协同创新，由政府牵头建立了多个创业孵化基地，并保证每个孵化基地每年财政投入不低于500万元。然而，随着该市创业政策的调整，以及配套经费不足，上述孵化基地已经不再运行。

7.2.3　学生参与校企协同创新过程中存在的问题及原因分析

通过访谈发现，部分学生缺乏对校企协同创新的正确认识，没有将其视为提升自身能力和实现职业发展的重要途径；部分学生反馈在参与校企协同创新过程中，没有得到耐心和热情的指导，难以将理论知识应用到实际项目中。

（1）校企协同创新无法显著提升学生的就业水平。

校企协同创新在提升学生就业水平方面的效果并不显著。从学生的利益角度出发，学生在读期间最想实现的利益需求是找到好工作和提升自己的能力。高校和企业通过协同创新行为可以直接带来学生创业能力的提升，使得参与学生成为校企协同创新的主要受益人群。然而，访谈发现部分同学却对参与创新活动的积极性不高、参与度不深。究其原因，主要是受高校扩招和经济下行压力等因素影响，就业市场竞争日益激烈，大学生的就业压力日趋严峻，大学毕业生找工作难的呼声越来越高。当前很多校企协同创新的目标是围绕重大的发展需求和重大科技项目，积极参与协同创新活动，盘活各自的创新资源，发挥创新资源的最大化价值，以使双方在科学研究、技术研发方面取得重大进展和突破，解决行业关键和共性技术或者社会和企业发展的重大问题，而不是解决大学生最关注的就业问题，所以有些大学生会觉得校企协同创新是为了让企业获得廉价劳动力，却忘了在这个过程中自己的能力也得到了提升。

（2）学生在校企协同创新中处于被动地位。

在校企协同创新项目中，参与的学生往往是被动的。以A同学的经历为例，在项目执行过程中，他被分配到重复且单一的任务和环节，根本无法接触到核心业务和关键环节；此外，协同组织并未安排相关的培训,从不征求个人意愿,他很少有机会发表自己的意见。所以他认为企业的主要目的似乎并非共同培养人才,而是为了获取廉价劳动力。这种被动地位使得学生在校企协同创新项目中很难发挥自身的主观能动性。由于学校对于校企协同的项目把控不严、过程监督不够等因素,导致学生收获不多,增加了学生的抵触心理。

7.3 校企协同创新提升大学生创业能力的对策和建议

7.3.1 完善创业教学体系的对策和建议

(1)大学生创业能力培育体系的创新关键在于创业教育的顶层设计和路径选择。

各高校应基于办学特色,科学构建"机制先导、教学主导、培训指导、实践引导"等第一、第二、第三课堂资源共促共建、互为补充的创业教育模式。

首先,通过第一课堂改善创业知识结构,推进专业课程结构优化与整合,突出素质教育和创新能力培养,使学生具备较高的人文素养和科学素养,较强的创新意识,以及创造性地运用所学知识解决各种问题的能力。

其次,通过第二课堂强化创业精神意识,并注重系统教育引导。在第二课堂中,应寻求群众基础更为深厚、青年达成广泛共识的创业教育方式与内容,系统规划重大主题教育活动,有效改善校园课外活动纷繁芜杂、重复建设的常态弊端。

再次,通过第三课堂提升创业能力素质,并凸显学科专业背景。创业类的实践在我国还是一个薄弱环节,参与率和成功率都还比较低。因此,校企协同活动可以追加第三课堂资源。高校须紧扣学校学科专业特色,广泛拓展校企协同的创业实践和孵化平台,充分整合高校和企业、政府的资源,广泛、有效地参与校企协同创新,为大学生创业提供实践和支撑平台。

最后,高校应促进教学实习、社会实践、就业创业实训与高校创业教育深度融合,引导更多大学生通过自身的学科专业背景提升创新创业项目的核心竞争力,帮助更多大学生通过第三课堂验证和反哺第一、第二课堂,共同推动创业能力素质的提升。

(2)优化多学科互动体系,校企协同实现知行合一。

大学生创业能力培育是一个复杂且全面的工程,它需要多学科的互动融合,以培养学生基本的文化素养和科学知识水平,并拓展宏观视野,并大力提升其实际应用能力和创业能力,进而促进其全面发展。

首先,通识课程模块是面向所有专业学生开设的必备课程,它包括思想政治理论、外语、数学、物理、计算机基础、文献检索、体育、军事理论等课程。在学生的创业能力培养中,创新创业应被视为通识课程模块的重要内容。我们不能空谈理论,因为创业教育是一门实践性很强的学科,这意味着我们需要将实际案例和实际操作融入教学过程中,让学生在实践中学习和成长。我们也不能因循守旧,因为创业教育是一门要求内在创新力的学科,这意味着我们需要培养学生的创新思维和创业精神，让他们在面对挑战和问题时，能够提出新的解决方案。我们更不能一味灌输，因为创业教育是一门注重启发和体验的学科，这意味着我们需要为学生提供丰富的实践机会，让他们在实践中体验到创业的乐趣和成就感。

其次，学科专业课程模块是某专业所涉及各类学科专业知识的模块。在教育教学改革中，我们需要体现厚基础、宽口径的学科教育特点，这意味着我们需要将相同、相近学科专业的基础课程打通，凸显各个学科专业对相邻相近领域的延展性，注重创新创业内容在学科专业中的拓展性，搭建以专业知识增长为背景、以创业能力培育为特色的统一平台。同时，我们需要面向相关科技、产业领域，制定差异化的人才培养方案，这意味着我们需要根据大学生的专业发展和市场需求，将课程模块进行精简、优化，体现岗位性、职业性和创新性。

再次，素质能力拓展课程模块是将所学的通识知识和专业知识等融会贯通于具体的校企合作项目中，做到知行合一，达到内化。通过校企协同创新，我们可以为多学科的互动提供场地、资金、技术等方面的支持。高校应该与企业展开协同创新，积极邀请企业参与学校专业建设，根据企业或行业的实际需求，开办相应的专业，或者将企业的人才需求纳入到学校的专业建设中，参与课程体系的构建。企业可以根据自身的实际情况，如人才需求、行业发展趋势等，与高校进行深度合作，共同开设新的专业，这样不仅可以满足企业的人才需求，也可以推动高校专业设置的现代化、实用化。同时，企业还可以参与高校师资建设，为高校提供实习指导老师或实习教师，这样的合作不仅可以提高学生的实践能力，也可以提高教师的实践能力，促进教学的改革和发展。此外，学校也可以与企业共同建设实践基地，为学生提供实习岗位，这样的校企合作不仅可以为学生提供实践的机会，也可以为企业提供人才储备的机会。同时，学校也可以为企业提供实验、实训设备配置建议，支持企业的技术研发和产品创新。

7.3.2 构建实践教育体系的对策和建议

高校培养学生的创业能力必须将创业能力培育的思想和理念贯穿于人才培养的全过程，以通识课程模块为基础，以学科课程、专业课程模块为依托，以素质与能力拓展模块为导向，以实践教学环节模块为必要补充，制订模块联动、整体推进的人才培养方案，构建科学合理的人才培育体系。

（1）构建全程化实践教育体系。

创业教育作为一门具有强实践性的学科，其核心目标在于全面提升大学生的创新创业能力。在我国，创业教育已经得到了广泛的普及和实施，并逐步深入到高等教育实践育人的全过程中。创业教育发展到高级阶段的重要特征之一，便是全面将创新创业的元素融入学科专业的人才培养主渠道，贯穿至高等教育实践育人的全过程，面向全体学生普及化、系统性地开展。

首先，创业教育教学可以与学生素质拓展以及社会实践活动相结合。一方面，建议高校在教育教学工作中融入社会实践项目，让学生在动手实验的环境中学习，鼓励学生利用假期多走向社会，进行实地调研或到企业参加短期工作。另一方面，建议高校在学生素质拓展和社会实践活动的设计中加大创新创业教育元素的比重，大力鼓励与扶持开展科技创新类、创业服务类相关的实践活动。

其次，创业教育教学可以与学校科技服务以及科研横向协作相结合。建议高校致力在创业教育教学过程中引导学生参与到教师的横向课题和学校与外界的其他科技服务项目中去，利用科技服务项目作为强化创业教育教学的载体。

再次，创业教育教学可以与学生就业与实习相结合。将就业与创业渗透融合，才能真正实现以创业促进优质就业。建议高校着力加大力度进行教学实践基地建设，为学生实习创造条件，强化学生动手操作和解决实际问题的能力。

（2）搭建校企协同创新育人平台。

首先，建设校企协同的孵化平台。这一平台应充分发挥学生专业知识和兴趣特长的优势，重点推动产品开发型和专业服务型的高层次创业项目进行孵化转化，并引导团队与项目进行良性的市场运作。具体而言，需要从以下两个方面进行工作：一是要引导优质团队与项目进行校内孵化。为此，可以组织风投机构和创业企业家参加的项目评审答辩活动，精心遴选优质且落地性强的创业项目进行运营扶持。同时，建立创新创业一站式服务中心，提供项目咨询、导师配备、融资接洽、校外孵化推介等全方位服务。此外，还需要开辟项目绿色通道，与工商税务部门协同合作，免费为大学生创业企业提供注册公司、税务登记、税费减免等服务。这些措施旨在为创业团队提供全方位的支持，帮助他们更好地开展创业活动。二是需要推动优质项目的深度孵化和市场竞争。为此，我们需要拓展校外创业孵化载体，以高校良好的科技成果、人力资源等方面的支持为基础，校地共建或共管创业孵化器。同时，建议积极依托国家大学生科技园、国家高校学生科技创业实习基地，甚至国家高新示范园区等平台，开启高校－园区互动型创业模式。此外，还需要推动校内校外孵化器的高效对接，引导校内孵化的优质项目入驻更大平台，协同政府落实扶持政策，推动大学生科技创业企业更好地成为地方经济转型和国家经济社会发展的力量源泉和强大助推器。

其次，完善多元化的校企协同创新平台架构。我国以政府为主导的以高新技术园区主导创新平台模式并非最优化选择。我们需要构建市场化的组织运行模式，以实现更高效的协同创新。为此，我们需要建立研发实体，实现协同创新项目的公司化、社会化运营，这将有助于提升协同创新项目的效率和影响力，使其更具有可持续性。同时，建立独立的公司管理体系和管理规章，由新公司董事会进行独立决策，以减少协同创新项目受到高校、企业等非制度性因素的干扰。此外，还需要对高校科研团队的入股方式进行改革。现有的入股方式过于单一，不能充分调动科研团队的积极性和创造力，应鼓励高校和参与人员投入资金持股，如现金比例不得低于高校及其科研团队全部入股额度的30%，这将有助于提高科研团队的积极性和投入性，进而提升协同创新项目的质量和效率。

最后，争取多样化的校企协同创新合作基金。协同创新合作基金可以为校企合作提供资金支持，帮助其开展研发活动，推动技术创新和产业升级。因此，一方面，高校和企业应争取多样化的校企协同创新合作基金，特别是社会急需的共性技术和重大关键技术领域的协同创新合作基金支持；另一方面，高校和企业应争取政府科技投入与金融机构融资支持有机结合，对参与校企协同创新的企业提供税收优惠、贴息贷款等金融扶持。

7.3.3　构建社会促进体系的对策和建议

（1）完善校企协同体系，营造良好的创新环境。

首先，校企协同体系是实现校企合作的基础。在校企合作中，学校为企业提供技术支持和人才输送支持，企业为学校提供实践场地和资金支持。完善校企协同体系，需要学校和企业之间建立紧密的合作关系，加强沟通和交流。学校可以通过与企业合作，开展产学研一体化的项目，为学生提供更多的实践机会；企业也可以通过与学校的合作，获得更多的技术创新和市场拓展机会。

其次，营造良好的创新环境是推动校企合作的关键。创新环境是促进创新创业发展的关键因素之一。在校企合作中，学校和企业需要共同营造良好的创新环境，包括技术研发、创新思维、知识产权保护等方面。学校可以建立创新创业学院，为学生提供创新创业教育和实践平台；企业可以建立创新创业基地，为学生提供实践场地和创业指导。

最后，完善校企协同体系，营造良好的创新环境需要加强政策支持和人才培养。政府可以通过制定相关的政策，促进校企合作和创新创业发展。例如，政府可以出台鼓励企业与学校合作的政策，提供税收优惠、资金支持等。学校可以加强创新创业教育，培养学生的创新创业意识和能力。如开设创新创业课程，开展创新创业比赛，培养学生的创新创业思维和实践能力。

（2）完善创新激励制度，营造良好的创新激励环境。

完善的激励制度是校企协同创新开展和维护的基础，可以进一步激发教师、企业员工和学生参与校企协同创新的积极性。激励制度需要根据现实的变化不断完善。

首先，建立明确的组织内部创新机制。在组织决定参与协同活动前，经过内部各环节的充分沟通协商，明确各部门人员参与校企协同创新的策划、决策、执行、监控等各个流程的参与主体与权责划分，确保校企协同创新有章可循。

其次，建立有效的管理体系。校企之间还须建立一套分工明确、行之有效的管理体系，如项目管理、风险控制等，一来可以调动组织的一切力量参与到协同创新中去，二来可以降低协同创新过程中的风险，提高协同创新的成功率。

最后，优化内部激励环境。学校和企业应制订相应的激励政策，激发教师、企业员工和学生参与校企协同创新的积极性。这些激励政策应包括物质激励、精神激励、职位晋升等方面，还应将激励制度设计落到实处，奖励作出贡献的每一个部门和个人，以更好地吸引和留住优秀人才，创建良好的激励环境。

（3）加强协同创新的规划与指导。

在当前强调创新创业的大背景下，政府、企业、高校三方的协同创新规划与指导显得尤为重要。创业教育的深入推进，需要多方参与，形成合力，应树立一批校企协同创新重大项目典型，并集中人才、资金、技术资源重点支持前景好、技术含量高的项目，让这些项目起到示范带头作用，进而引导更多企业和高校参与到协同创新活动中来。

首先，政府层面应加强政策引导，为创新创业提供良好的政策环境。政府应制订一系列有利于创新创业的政策，如税收优惠、金融支持、技术引进等，以降低创新创业的门槛，激发企业和高校的创新创业活力。同时，政府还应加强对创新创业企业的监管，规范市场秩序，保障创新创业者的合法权益。

其次，企业层面应积极承担社会责任，支持创新创业。企业应注重技术创新，提升核心竞争力，为创新创业提供市场空间。此外，企业还应加强与高校、科研机构的合作，共享资源，实现互利共赢。

最后，高校层面应深化教育改革，加强创新创业教育。高校应升级创新教育模式，注重实践教学，培养学生的创新能力和创业精神。同时，高校还应加强与企业的合作，共建产学研一体化的创新创业基地，为学生提供实践平台。

（4）建立高效、稳定的沟通机制，需要高校和企业共同努力。

首先，需要在组织层面设立专门的校企沟通协调机构。包括校企双方在组织架构上建立专门的协同创新办公室，以保证双方在协同创新过程中能够高效对接、及时分享关键信息，并共同应对各类问题。

其次，校企双方的高层管理者需要定期进行沟通和对话，并建立双方专家团队的实时沟通机制。这是因为作为组织的决策者，高层管理者对组织的行为活动具有决定权，高层管理者之间的沟通对于协同创新各个阶段的有效推进具有重要作用。此外，作为掌握组织技术资源的专家团队，他们之间的沟通对于技术的合作也具有显著的正向影响。

最后，校企双方应将协同创新纳入各自的组织发展规划中。协同创新要想实现向纵深发展，需要双方将合作作为组织发展的长远目标，并在战略层面将协同创新纳入组织长期的规划中。各高校的发展规划处和企业办公室在编制各自的规划章程时，应将协同创新作为自身的长期追求目标，从而实现协同创新的长效机制。

7.3.4 推动政策文化体系的对策和建议

（1）加强宣传引导，营造浓厚氛围。

在当前经济结构调整、产业升级的大背景下，我国政府高度重视创新创业，出台了一系列政策支持措施，旨在激发社会创新活力，促进经济增长。然而，要让更多的人了解和参与到创新创业中来，仅仅依靠政策支持是不够的，还需要广泛开展宣传引导工作，激发社会各界的创新热情。

首先，宣传引导需要充分发挥媒体的作用。媒体是信息传播的重要载体，具有广泛的社会影响力。各级政府和相关部门可以通过组织新闻发布会、座谈会、讲座等形式，利用报纸、广播、电视、网络等媒体平台，加大对创新创业的宣传力度，提高公众对创新创业的认识和理解。此外，传统媒体具有广泛的影响力，而新媒体则具有更强的传播力和覆盖面。例如，当前高校创业活动和大学生创业者普遍聚集在网络主阵地，已经形成强大的文化影响力和认同感。

其次，宣传引导需要丰富和发展创业文化。一是通过举办创业大赛、创业文化节、创业论坛、创业展览等活动，让更多的学生了解创业的意义和价值，提高学生的创业意识。二是加强对创业者的支持和鼓励，包括提供创业资金、政策扶持、技术支持等方面的帮助，积极宣传创业者的成功案例和经验，提高社会对创业者的认可度和尊重度，增强创业者的信心和动力。

最后，宣传引导需要营造良好的社会氛围。社会氛围是创新创业发展的基础和保障，需要政府、企业、学校、媒体等多方面的共同努力。政府可以出台一系列优惠政策，为创新创业企业提供资金、税收等方面的支持，降低创新创业的门槛。企业可以积极参与公益活动，承担社会责任，树立良好的企业形象。学校可以加强与创新创业相关的课程设置和实践活动，培养学生的创新精神和创业能力。

（2）建立全面的资源共享机制。

创新创业是一个涉及多领域、多层面的复杂过程，资源共享机制是其核心组成部分。为了提高校企协同创新水平，需要从多个方面对资源共享机制进行优化和完善。

首先，扩大组织间的开放度，实现校企协同组织更广泛的资源共享。这不仅包括对现有实验装置、设备等研发基础设施的共享，还包括对技术、人才、知识等资源的共享和流动。

其次，建立资源共享平台，如政府或行业协会牵头的资源共享平台。这样不仅可以降低潜在合作组织搜寻、识别合作伙伴的成本，还可以促进创新主体将自身拥有的资源进行定期、公开发布，从而实现更高效的资源共享。此外，高校作为学科内或区域内的技术、人才、知识等资源的重要推动者，应定期组织协同创新座谈会，进一步明确协同创新中的校企双方的各类物质资源，如仪器设备的共享规则。

最后，优化资源共享的环境。通过政府政策的引导和法律法规的制订，实现对资源共享方的有效保障和利益分配，从而提升组织共享自身技术、管理、战略资源的动力和层次。

在实施资源共享机制的过程中，需要注意以下几点。第一，保证各参与组织自身机密不泄露，这是资源共享的前提和基础。第二，需要不断扩大对协同组织的开放度，有效提供更多资源。这不仅可以提高资源共享的效率，还可以促进校企协同组织更深层次地发展，并发现更多潜在的协同目标。第三，资源共享平台的建设是关键环节，需要构建一个政府或行业协会牵头的资源共享平台，引导创新主体将自身拥有的资源进行定期、公开发布。这样不仅可以实现对现有实验装置、设备等研发基础设施的共享，还可以建成协同创新合作的信息发布平台，降低潜在合作组织搜寻、识别合作伙伴的成本。

（3）增强创业文化的渗透力。

创业文化的培育和传播在创新创业过程中起着举足轻重的作用。应该深入挖掘和传承创新创业文化的精神内核，增强创业文化的渗透力，提高社会对创新创业的认同感和支持度。

首先，需要明确创新创业文化建设的基本理念。创新是创新创业文化的核心，是推动社会进步的重要力量；创业是创新创业文化的目的，是实现个人价值和贡献社会的重要途径；文化是创新创业文化的灵魂，是凝聚人心、激发创造力的基础。因此，创新创业文化建设的基本理念应当突出创新、创业、文化的统一，强调三者的相互促进和共同发展。

其次，需要明确创新创业文化建设的基本方向。包括引导学生树立正确的创新创业观念，营造良好的创新创业氛围，推动创新创业文化的普及和深入。引导学生树立正确的创新创业观念，就是要让学生认识到创新创业的重要性，明确创新创业的目标和路径，提高创新创业的素质和能力；营造良好的创新创业氛围，就是要创造有利于创新创业的环境和条件，提供创新创业的支持和保障，激发学生创新创业的热情和动力；推动创新创业文化的普及和深入，就是要加强创新创业文化的宣传和教育，提高创新创业文化的社会认同和影响力，形成创新创业文化的社会共识和价值取向。

最后，需要将创新创业文化建设的成果固化和统一。创新创业文化建设的成果包括创新创业的理念、方法、模式、经验等，要将其建设成果固化和统一，应通过制度、政策、教育等手段，将成果纳入到创新创业的机制体制中，形成创新创业的规范和标准，提高创新创业的质量和效益。

（4）增强优秀典型的辐射性。

创业典型在推动社会进步和激励创新创业方面具有重要作用。创业典型通过自身的故事和经历，向学生展示了创业的不易和可能，有利于激发学生的创新创业热情。同时，创业典型还能为学生创业提供新的商业模式和解决方案，从而提高学生创业成功的可能性。因此，要把创业典型进班级作为团日活动进行推广，引导创业精英走进班级，走进同学的心中，让身边的成功案例启发广大学生，用朋辈的创业精神鼓舞广大学生。充分发挥媒体的作用，进行立体式的宣传推广，利用广播台、电视台、微博、QQ群等方式宣传创新创业典型的故事，引导更多的同学加入创新创业的潮流中去，极大弘扬"创新创业创优"文化。要发挥"挑战杯"创业竞赛和"互联网+"创业竞赛在大学生创新创业中间的引领作用，并根据省（区、市）和国家级竞赛举办的时间，提前一年举办校内选拔赛，并在校级层面上举办竞赛复赛、总决赛。在参赛组织上，要多方位广泛发动，举办创业项目遴选会、创业团队沙龙等活动，搭建多学科学生互动的平台。在参赛机制上，仿照国家和省（区、市）级创业计划竞赛的竞赛机制和赛事规则；在参赛指导上，实施广泛动员指导与分类指导相结合的方式，为大众化的团队提供指导，对有潜力的创业团队配备导师进行一对一指导，为创业精英提供展示能力的平台。

本章小结

　　本章延续前文的实证研究结论，对调查问卷所反映的滇黔桂地区校企协同创新的当前状态进行分析，对校企协同创新存在的问题及原因进行剖析；通过多案例访谈研究，结合实证结论，探索完善校企协同创新助力大学生创业能力提升的实践经验。

第八章　研究结果、理论贡献、研究启示与建议和展望

8.1　研究结果

本研究在资源拼凑理论、创业学理论和利益相关者理论的基础上，对校企协同创新过程中，资源拼凑的过程及其对大学生创业能力的影响路径和因素进行了探究，构建了"校企协同行为—资源拼凑—创业能力"的研究模型，然后界定校企协同行为、资源拼凑、创业能力、创业政策、校园创新氛围这五个变量在本研究情境下的概念和量化，建立测量题项，设计调查问卷，继而用问卷调查法进行实证分析检验研究假设。

8.1.1　对核心概念进行了界定

本研究以协同创新理论、资源拼凑理论和利益相关者理论为理论基础，依据研究情境对校企协同行为、资源拼凑、创业能力、创业政策和校园创新氛围 5 个核心变量进行了概念界定。其中，校企协同行为定义为参与协同的高校和企业为实现协同创新的目标，在创业政策的驱动下，通过深度协作促进各类资源的跨组织获取和拼凑，满足大学生创业能力提升所需的教育资源的一系列活动的总和；资源拼凑定义为校企双方基于协同创新的目标，通过主体间协同互动，在协同行为的作用下，创造性地利用各类资源促进大学生创业能力提升的过程；创业能力定义为创业者在追求创业成功时所需要的特定的能力，包括机会能力、承诺能力、构想能力、融资能力和运营能力；创业政策定义为中国政府为促进创新活动和规范创新主体而实施的政策和措施的总和；校园创新氛围定义为中国高校能够影响学校所有成员的行为方式及价值观念的一切精神文化形态和物质文化形态的总和。

8.1.2　构建了"校企协同行为—资源拼凑—创业能力"关系模型

本研究发现，校企协同行为对资源拼凑水平产生影响，而资源拼凑水平又对创业能力的提升产生影响。具体而言，校企协同行为通过影响资源拼凑水平，进而影响创业能力的提升。此外，创业政策能够调节校企协同行为对资源拼凑水平的影响效果，校园创新氛围则能够调节资源拼凑水平对创业能力的影响效果。基于此，本研究构建了"校企协同行为—资源拼凑—创业能力"关系模型（如图 8.1 所示）。

为了更全面地探究校企协同创新行为、资源整合、创业能力、政策支持和校园创新氛围之间的关联性，本研究对上述关键因素进行了维度划分、变量量化和测量。在此基础上，提出了 6 大假设和 13 个二级假设。

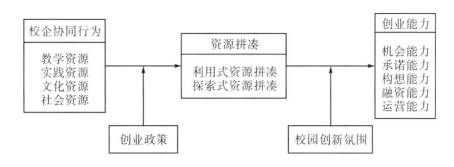

图 8.1 "校企协同行为—资源拼凑—创业能力"关系模型

8.1.3 设计出资源拼凑视角下校企协同对创业能力的影响调查问卷

本研究探究了创新创业领域的相关变量及其测量方法。通过查阅大量文献，本研究收集并归纳了多个变量的测量量表，并参考已成熟的量表进行修订。为确保所选量表符合本研究的要求，本研究向该领域的部分研究者、企业管理人员及参与校企合作的学生征求了意见，并进行了讨论。在此基础上，本研究设计并进行了预测试问卷的小样本调查，对 5 大类变量进行了信度分析和探索性因子分析。为适应本研究的特定情境，对量表进行适应性改编，对测试题项的文字表述进行了通俗化润色，以便被调查的大学生能够更轻松地理解。经过多次修改和优化，最终形成了包含 16 个变量和 47 个题项的调查问卷。为了验证该问卷的可靠性和有效性，对问卷的信度和效度进行了实证检验。

在问卷设计过程中，本研究遵循了科学文献语言的逻辑和有效写作技巧，力求使问卷更加严谨、准确。通过对比分析、逻辑推理以及实证检验等方法，本研究对问卷中的变量和题项进行了逐一分析和优化，以提高问卷的可靠性和有效性。此外，还关注问卷的可读性和易用性，力求使被调查者能够轻松理解和填写问卷。在问卷编制过程中，采用了简洁明了的文字表述，尽量避免使用生僻词汇和复杂的句式，以确保被调查者能够快速掌握问卷内容。

8.1.4 研究假设均通过实证检验

（1）校企协同行为对创业能力具有显著的正向影响。

校企协同行为对参与校企协同活动的大学生创业能力影响的系数为 0.673，差异极显著，这意味着校企协同行为每上升一个档次，学生的创业能力水平就能提高 0.673。实证研究结果证明，在校企协同创新过程中，参与其中的教学资源、实践资源、文化资源、社会资源都能有效提升大学生的创业能力，其中，社会资源对创业能力的影响效应最突出，其次是文化资源、实践资源、教学资源。

结合访谈结果可知，校企协同其实就是参与其中的高校和企业组建协同创新利益共同体，尽管有产业学院、实习实训基地、创新创业学院、战略联盟、技术创新联盟等不同的形式，但其核心还是达成人才、知识、技术、管理等创新资源的融合，进而实现创新的共同目标。

这是因为无论是双一流高校、应用型高校、职业技术型大学，还是世界500强企业或小微企业、初创企业，其各自所掌握的知识、技术、管理、场地、资金等创新资源都是有限的，而创新也同样是受到资源约束的。协同双方要想突破创新资源的束缚，就必须借助产学研合作项目、企业定制课程、就业实践教学基地、共建创业孵化基地等平台，充分融合双方所拥有的教学资源、实践资源、文化资源、社会资源，积极参与协同行为来达成创新目标。正是上述所说的产学研合作项目、企业定制课程、就业实践教学基地、共建创业孵化基地等平台，以及教学资源、实践资源、文化资源、社会资源等创新资源，为大学生提供了系统的理论知识储备、专业技能磨砺、创新创业训练的机会，有利于提升大学生的机会能力、融资能力、承诺能力、构想能力、运营能力。如很多高校的教学单位都与本专业相关的企业、事业单位等签订人才培养和科技创新等方面的长期合作协议，搭建新产品研发、企业管理、财务咨询、法律咨询、知识产权管理、检验检测、物流流通、仓库管理等第三方专业化服务平台，或促使企业介入学生的发明专利、创新创业项目，让这些成果直接在企业进行试验和试行，帮助成果转化。通过访谈，多数大学生表示很喜欢参加这类活动，也愿意通过这样的方式提升自己的创业能力。有一些学生还表示通过参与校企协同互动，获得很多在学校接触不到的创业信息、外部技术支持和社会上的人脉资源。

（2）校企协同行为对资源拼凑具有显著的正向影响。

校企协同行为对校企协同活动的资源拼凑能力影响的系数为0.696，在 $P < 0.001$ 的水平上达到显著，这意味着校企协同行为每上升一个档次，资源拼凑的水平就能提高0.696。实证研究结果证明，校企协同创新过程中，参与其中的教学资源、实践资源、文化资源、社会资源都能有效提高资源拼凑的水平，其中社会资源对创业能力的影响效应最突出，其次是文化资源、实践资源、教学资源。

资源拼凑对创业能力具有显著的正向影响。资源拼凑对参与校企协同活动的大学生创业能力影响的系数为0.673，在 $P < 0.001$ 的水平上达到显著，这意味着校企协同行为每上升一个档次，大学生的创业水平就能提高0.673。实证研究结果证明，校企协同创新过程中，探索式资源拼凑对创业能力影响效应最突出，其次是利用式资源拼凑。

资源拼凑在校企协同行为和创业能力间发挥部分中介效应。通过对校企协同创新过程中协同行为、资源拼凑过程的分析，可知资源拼凑影响了高校和企业之间创新资源的整合过程，校企协同行为的各阶段全过程都会受到资源拼凑的影响，证明了资源拼凑在理解校企协同创新过程中的关键性地位。

结合访谈结果可知，校企协同组建的创新利益共同体的核心是实现协同双方间的教学资源、实践资源、文化资源、社会资源的真正融合，解决目前存在的创新资源约束、资源获取重复、科研力量分散等问题，特别是新建的地方院校、正在谋求转型发展的应用型本科高校、职业技术大学更是因为创新资源匮乏而举步维艰。要想打破创新资源对高校和企业创新的束缚，就需要资源拼凑理论的指引。校企协同过程中，通过利用式资源拼凑和探索式资源拼凑，可以打破资源约束，实现创新目标。具体表现为以下 3 个方面：一是通过资源拼凑来挖掘现有资源的价值。协同主体都拥有现有资源，现有资源的特点是已经存在，但潜力没有得到充分挖掘，或者价值相对不高而被嫌弃，再或者是冗余资源但弃之可惜，总之，单个主体对于现有资源的有效挖掘是不够充分的。而参与校企协同后，通过探索式资源拼凑，现有资源就会产生新的使用价值、用途，通过交换形成新的资源组合。访谈中，大家普遍认同跨主体、跨行业、跨专业的资源拼凑可以突破主体对现有资源的束缚，探索出现有资源的更大创新价值。二是通过资源拼凑创造新的创新机遇。在校企协同过程中，对现有资源进行创造性非标转化的利用和开发时，这种即兴的、将就的、快速的、利用现有资源的过程，容易捕捉到新的创新机遇。三是通过资源拼凑实现创新资源重构。校企协同的目标是组建创新利益共同体，在共同的目标的驱使下，开展的创新创业训练、实习实训、新产品和技术研发的具体活动中，可以共享现有资源，达到校企优势互补的双赢局面，各自都可以有效弥补资源匮乏的束缚，提升教学资源、实践资源、文化资源、社会资源的配置效率。

（3）创业政策在校企协同行为和创业能力间发挥显著的调节作用。

在不考虑创业政策这一调节变量的干扰时，校企协同行为在模型中呈现出显著性（t=22.064，P=0.000），意味着校企协同对于创业能力会产生显著影响。而加入创业政策这一调节变量后，校企协同行为与创业政策的交互项呈现出显著性（t=2.136，P=0.033），意味着校企协同行为对于创业能力产生影响时，创业政策在不同水平的影响幅度具有显著性差异，说明创业政策的调节作用显著。

政府的创业政策是受到普遍认同的大学生创业成功的助推器。学生在创业时熟知创业政策，具备拼凑政府资源的能力，就可以在积极响应国家号召、充分享受政府各类扶持政策的同时少走弯路，甚至达到事半功倍的效果。结合访谈结果可知，当前中国的创业政策大致可以分为四类。第一类是创业财政政策。中央财政每年拨款至各个地方财政用于支持大学生创业，这些经费部分通过省人力资源和社会保障厅、教育厅直接补贴给创业的学生，部分用于支持各高校的创新创业教育。如深圳市的创业政策中明确列出毕业五年内的大学生创业每人可申请 1 万元的初创补贴，最高不超过 15 万；每人可申请 630 元的社保补贴，最高不超 23.4 万；初创公司每月可申请最低 500 元，最高 2340 元的场地租金补贴，最高不超过 6.8 万；公司每招 1 名员工签订 1 年劳动合同，并缴纳社保，可享受每名员工 3000 元的带动就业补贴，最高不超 5 万元。这样的利好政策不仅可以打消有创业倾向学生的顾虑，而且对于创业起步阶段的大学生而言，无疑是雪中送炭。第二类是税费减免政策。对高校毕业生创办的小型微利企业，按国家规定享受相关税收支持政策，如 2019 年国家出台的《关于进一步支持和促进重点群体创业就业有关税收政策的通知》（财税〔2019〕22 号）中，提高了包括高校毕业生在内的从事个体经营人员的免税限额，并增设了上浮比例。第三类是创业融资支持政策。有关大学生创业的相关政策提到，大学毕业生在毕业两年内自主创业，到创业实体所在地的工商部门办理营业执照，注册资本（金）在 50 万元以下的，允许分期到位，首期到位资金不低于注册资本的 10%（出资额不低于 3 万元），1 年内实缴注册资本追加到 50% 以上，余款可在 3 年内分期到位。在政府的引导下，各类银行均可以为自主创业的大学生提供免息或者低息的小额贷款，并简化程序，为他们提供开户和结算的便利，很大程度上解决和减轻了大学生创业初期的融资压力。第四类是创业服务支持政策。在政府的支持下，各省（区、市）建设了一批众创空间，还有大批的创新工场、车库咖啡等新型孵化器，各高校也纷纷建立了大学生创业园，有的省（区、市）还鼓励和引导国内资本与境外资本、机构合作设立新型创业孵化载体，为创业大学生提供更多的优秀创业资源。

（4）校园创新氛围在校企协同行为和创业能力间发挥显著的调节作用。

在不考虑校园创新氛围这一调节变量的干扰时，校企协同行为在模型中呈现出显著性（$t=22.064$，$P=0.000$），意味着校企协同对于创业能力会产生显著影响关系。而加入校园创新氛围这一调节变量后，校企协同行为与校园创新氛围的交互项呈现出显著性（$t=2.483$，$P=0.013$），意味着校企协同行为对于创业能力产生影响时，校园创新氛围在不同水平的影响幅度具有显著性差异，说明校园创新氛围的调节作用显著。

根据访谈情况，部分大学生愿意尝试创业，也初步具备了创业能力，但是对社会竞争还存在畏难情绪，这些心理压力和负担抹杀了这些学生敢于冒险、敢于承担风险的潜力。但创业氛围浓厚的学校会鼓励学生提出有创意的点子，对学生的创新创业行为进行奖励，从心理到服务等各个方面鼓励学生创新创业，让教师和学生都富有创新创业热情。

在社会层面，政府要依靠公众舆论，加强对创业的正面引导宣传，弘扬创业精神，营造宽容失败的社会氛围；在学校层面，通过学校—家长、学校—学生—家长的直接或间接沟通，改变家长和学生追求安逸稳定的就业观念，在精神和物质上鼓励学生创业，让学生感受到学校和企业的认可和信任，有助于提高其对项目的归属感，提高学生的参与效果，更好地提升学生的创业能力。同样，鼓励创新、容忍错误都有助于消除学生因创新失败或表达不当所带来的顾虑，帮助学生畅所欲言、自由表达自己的意见，并在这个过程中获得同事或团队的支持和反馈，有利于激发学生的创业激情，切实提高他们的创业倾向。

8.1.5 比较发现校企协同行为、资源拼凑、创业政策和校园创新氛围对有创业经验大学生的创业能力影响更大

为确保研究结论更加可靠有效，本研究在后期专门征集 128 名有创业经验的学生填写调查问卷，对数据进行分析后，与正式样本的分析结果进行比较。通过比较发现创业经验样本（100% 的学生有创业经验）的题项测量值均高于正式样本（94.19% 的学生没有创业经验）的对应题项测量值，意味着创业经验样本（100% 的学生有创业经验）的学生群体对此次调研内容的整体认可度更高；发现创业经验样本（100% 的学生有创业经验）在假设 H1、H2、

H3 中的回归系数均大于正式样本（94.19% 的学生没有创业经验），意味着正向影响更加显著；发现创业经验样本（100% 的学生有创业经验）的中介效应要强于正式样本（94.19% 的学生没有创业经验）的中介效应，资源拼凑的作用更大；发现在创业经验样本（100% 的学生有创业经验）中，当创业政策和校园创新氛围在不同水平时，影响幅度差异大于正式样本（94.19% 的学生没有创业经验），调节作用更加显著。根据以上内容，本研究认为"校企协同行为—资源拼凑—创业能力"研究模型更适用于有创业经验的大学生。对于有创业经验的大学生而言，他们已经具备了一定的资源整合能力，能够更好地理解和掌握资源拼凑的方式，懂得在校企协同创新活动中抓住机会，从而在国家和学校的鼓励措施下，提升自身的创业能力，进而成功创业。

8.1.6 建构资源拼凑视角下校企协同对创业能力的影响机制

本研究从资源拼凑理论视角出发，对校企协同对大学生创业能力的影响进行了深入探讨。资源拼凑理论源自社会学和经济学领域，主要研究个体和组织如何通过资源的重新组合和配置来实现创新和提高效率。在创新创业领域，资源拼凑理论提供了一种新的视角，强调创新资源的动态性和不确定性，以及创新主体在协同创新过程中的重要作用。本研究发现校企两大创新主体在协同创新过程中，通过资源拼凑将创新资源作用于大学生创业能力的过程机理，揭示了资源拼凑在校企协同创新中的关键作用。

参与协同创新的单个主体都会面临资源匮乏、不足或者同质性强等资源约束问题，任意一个创新活动也不可能具备所有所需的创新资源，因此要想实现创新目标就需要获取外部的异质性资源或者优质资源。而向外部组织获取或交换资源的协同行为又会受到资源拼凑方式的影响，采用利用式资源拼凑或探索式资源拼凑会直接作用于资源的整合效果，这就是校企协同创新中资源拼凑发生的过程。在这个过程中，校企之间可以共享各自的优势资源，如企业的技术经验、市场经验和人力资源，以及学校的教学资源、研究成果和创新创业教育经验。这种资源的拼凑过程不仅可以提高校企合作的效率，也可以为大学生创业提供更多的机会和资源。

校企协同对大学生创业能力的影响机制是一个复杂的系统，需要校企双方共同努力，才能发挥最大的作用。只有通过建立深度的合作关系，才能实现校企之间的资源共享和协同创新，从而提高大学生的创业能力和就业竞争力。

8.2 理论贡献

8.2.1 完善了校企协同对创业能力的影响研究

本研究改良了校企协同行为测量量表，并对其进行了信度与效度检验，通过对改良后的测量量表收集样本数据分析后发现，校企协同对参与校企协同的学生的创业能力有显著正向影响，这一结论与半结构式访谈记录及大多数质性研究结果吻合。从校企协同创新和资源拼凑的相关文献综述情况可知，大部分学者的研究结论都认为校企协同、资源拼凑与创业能力有直接显著的相关关系。校企协同活动中，相比在课堂上学习，企业所提供的真实工作环境自然而然地形成了一种优势，通过做中学、学中做来整合现有的理论知识与实践知识，教师和企业导师会带来对于不同问题的新见解，改变了传统意义上的教与学的关系，使学生发挥学习主动性，带着书本上的理论到实践中找到应用，有助于激发其内在的学习热情和动力，从而提升创业能力。本研究借助校企协同行为这一前提，通过资源拼凑这一中介效应，进一步提升和培养学生的创业能力。

8.2.2　深化了创业能力培养的关键路径

本研究聚焦于协同创新这一研究领域，从大学生创业能力与资源拼凑关系方面展开研究，通过实证研究，试图发现盘活校企两大主体的可用资源，激活"人、财、物、场"功能和结构，实现资源价值最大化，提升学生创业能力的关键途径。本研究还发现资源拼凑的中介效应影响，以及创业政策和校园创新氛围的调节作用影响，从而弥补了理论的空白。进一步说明了资源拼凑在校企合作教育中的重要性，无论学生是在学校学习还是在企业实习，企业都应营造重视人才、鼓励创新思考的氛围；同时学校和企业都应崇尚自由与开放，营造创新变革并鼓励学生尝试和从错误中学习的氛围，这样才能让学校和企业在互惠互利的基础上建立长期的、持久的战略型合作伙伴关系，实现三赢，即学校培养出人才、企业招聘到所需求的人才以及学生获得更好的创业就业能力。本研究还证明了中国企业要在校企协同创新中培养潜在员工的创新能力，就需要在一定程度上积极营造创新氛围、积极鼓励潜在员工的创新行为，并且借助校企协同创新这一途径方可获得更多自身所需的创新型人才。

8.2.3　发现了资源拼凑视角下校企协同的创新机制

本研究从管理学领域的资源拼凑和教育学领域的大学生创业能力关系入手，拓展学科交叉领域的研究，发现校企两大主体间资源的拼凑过程实际上就是两者建立深度的协作关系的协同创新的过程。通过利用式资源拼凑和探索式资源拼凑，校企协同行为将盘活教学资源、实践资源、文化资源、社会资源等各类资源，实现创新，丰富资源拼凑视角下校企协同创新机制。

8.3　研究启示

校企协同创新是当前高等教育改革的重要方向，它呼应了党的二十大关于推进高等教育内涵式发展的倡导，为高校在新时代下的人才培养模式改革提供了理论支撑，其作为一种以培养学生的创业能力为核心，政界、经济界、教育界、产业界和管理界共同参与的办学模式，受到各界的重视。滇黔桂地区的高校需要更加注重应用型人才培养，合理开设相关课程，加大校企合作力度，有序开展协同创新活动，为早日实现"双一流"大学目标，即建设世界一流大学和一流学科，打下坚实基础。

8.3.1　研究结果给学校的启示

校企协同创新是滇黔桂地区高校，尤其是应用型本科高校，培养学生创业能力的有效途径。研究结果显示，校企协同行为对学生创业能力有显著影响，资源拼凑在培养学生创业能力方面能给校方和学生带来丰富的创新资源。因此，学校需要秉持开门办学的原则，主动"走出去、引进来"，制订优惠政策，引企入校，以提升学校的办学水平和人才培养水平。

习近平总书记在鼓励每个人实现中国梦的过程中，强调"超越自我、完善自我、再造自我"，并将创新提升到"事业"层次，要求在创新实践中发现人才、在创新活动中培育人才、在创新事业中凝聚人才。对此，滇黔桂地区高校应该在创新人才培养的实践过程中，坚持马克思主义创新理论的指导，积极引进海内外优秀人才和借鉴融合海内外可利用的经验，与时俱进，推陈出新，实现高校市场化创新，缔造适合自身发展的新模式。

（1）在创新创业教育教学资源方面，校企双方可以从校内合作、校企合作、校校合作、国际合作等多个层面广泛开展协同式培养，实施"以生为本合作式"应用型人才培养模式。可以积极挖掘和争取非营利性创新资源，如行业协会、地方商会、新闻媒体等，这类机构往往具有丰富的创新合作资源。积极与其他创新主体共同设立创新创业基地，协调开展创业教育和创业实践，培养符合学校办学定位、适应地方经济社会发展需要的创新创业型人才。

（2）在创新创业氛围营造方面，可以通过举办创新创业论坛、创新创业大赛等活动，鼓励师生积极参与创新创业实践。这些活动不仅可以提供展示创新创业成果的平台，同时也是交流创新创业经验和分享创新创业心得的场所。开展这些活动，有助于营造浓厚的创新创业文化氛围，激发师生创新创业的热情和信心。也可以在校园内设置创新创业展示区、创新创业博物馆等，让学生更好地了解创新创业的历史、现状和发展趋势。这些展示区和博物馆通过实物、图片、视频等多种形式，向学生们展示创新创业的成功案例、发展历程和未来展望，让学生在参观过程中，更深入地理解和体验创新创业的魅力和价值。还可以设立创新创业奖学金、创新创业优秀学生评选等活动，以鼓励学生积极参与创新创业实践，同时也激励教师积极参与创新创业教育和指导工作。这些评选活动可以展示学生的创新创业能力和成果，提高学生的创新创业自信心。

（3）在创新创业教育师资队伍建设方面，通过建立健全师资队伍管理制度，不断优化师资队伍结构。一方面，加强内部师资的培养，通过定期举办创新创业教育师资培训，开展研讨会、学术论坛等途径，提供更多的学习机会和资源，提高现有师资的创新创业教育能力。另一方面，加大师资引进和培养力度，尤其是引进具有丰富创新创业实践经验的企业家和创业导师，他们可以为学生提供更加具有实践性、针对性的实践指导。还可以设立创新创业教育专门机构，配备专门的教师和管理人员，负责创新创业教育的规划、组织、协调和评估等工作。

高校的校企协同创新活动和创新创业教育应该因材施教，要重视有创业经验学生的特点和需求，将更多的政策和资源向他们倾斜，这样更能提高学生的自主创业比率和创业成功的可能性。

8.3.2 研究结果给企业的启示

在知识经济时代，滇黔桂地区的企业面临着激烈的竞争，要想在竞争中脱颖而出，就需要具备大量熟练操作能力和创新思维能力的高技能人才。因此，企业应从战略高度认识到通过参与校企协同创新来培养创新人才的必要性和紧迫性。发达国家的企业有着优良的校企合作传统，并一直将其视为竞争中的秘密武器。这些企业在进入我国市场后，大力参与校企协同创新，提前将所需人才纳入合作院校的人才培养体系，通过共建实训基地等手段，让学校为企业培养急需的技能型创新人才。例如，丰田汽车公司等企业采用订单模式，大力参与校企合作，合理利用公共教育资源，为企业培养了大量的创新发展所需人才，牢牢占据了竞争的制高点。因此，无论是从竞争的角度还是发展的角度来看，滇黔桂地区的企业都应该从战略高度重新定位，认识到通过校企协同创新培养创新人才的重要性和必要性。

企业应积极参与校企协同创新，通过校企合作，提升企业创新绩效。企业应该发挥自身优势，提供尽可能多的实习岗位，开放自身的生产平台、产品加工实验资源、实验设备和装置，将更多的研发项目设置为校企协同研发项目，通过协同创新加大对创新人才创业能力的培养力度。例如，将本企业的人才需求目标以订单式、项目式的方式提前纳入应用技术大学各专业的培养体系中去；参与制订各专业人才培养方案和课程建设，根据行业或企业相应岗位的知识、能力、素质要求，与高校共同开发实践课程体系，接收专业教师到企业挂职，参加课堂教学，为高校提供实验实训设备及实习指导；参与实践基地建设或给学生提供企业内的实习岗位，企业为学校提供实验、实训设备配置建议，支持学校教学设备建设，为学生提供实习与技术指导。

企业在校企协同创新的过程中，可以通过提出研发需求，与学校共同开展技术研发，以获取最新的科研技术和市场信息。这些最新的科研成果可以直接转化为实际生产力，推动产业升级和技术创新，从而提升企业的竞争力。校企协同创新不仅限于技术研发，企业还可以借助高校的师资力量，进行员工培训。这种培训方式不仅能够提升员工的技能水平、提高工作效率，还可以帮助企业进行制度建设，或者提供管理咨询服务，从而全面提升企业的竞争力。

企业应当塑造一种充满信任、宽松自由、积极鼓励创新的环境，将参与校企协同创新的学生视为企业的正式成员，给予他们充分的信任，并与其以平等的身份共同探讨新观点，容忍他们可能犯的错误。通过各种方式激发学生的创新思维，鼓励他们提出新的观点和解决方案，激励学生以全新的方式解决问题，促进学生、企业员工、学校导师和企业导师之间的知识共享，从而提升学生的创新能力和企业的创新绩效，实现企业、学校、学生的多方共赢。

8.3.3 研究结果给政府的启示

在校企协同创新的过程中，政府作为校企合作的推动者、双方利益的协调者、过程的监督者及成果的评估者，扮演着至关重要的角色。滇黔桂地区各级政府应当加大对校企协同创新培养创新人才的宣传力度，激发社会各界积极参与校企合作的热情，从而加快创新人才培养的步伐。校企协同创新不仅能够培养创新人才，同时也为学校、企业和学生指明了共同的目标和方向，有助于三方达成共识，形成合力，进而推动学生创业能力的提升。

政府作为校企合作的推动者，应通过制订相关政策，引导校企双方深化合作，共同推动创新人才培养。可以牵头树立一批校企协同创新重大项目典型，集中人才、资金、技术资源，对前景好、技术含量高的项目进行重点支持，让这些项目起到示范带头作用，引导更多企业和高校参与到协同创新活动中来。此外，政府还须加大对校企协同创新培养创新人才的宣传力度，提高社会对校企合作重要性的认识，从而促进校企双方更加积极地参与合作。滇黔桂地区各级政府应当积极宣传校企协同创新在培养创新人才方面的优势，提高社会对校企合作的认同度，进一步加强校企合作的深度和广度。

政府作为校企利益的协调者，应积极引导校企双方在合作中实现共赢，加强对校企协同创新的专项经费支持，与金融机构联合设立多样化的校企协同创新合作基金，用于支持国家急需的共性技术和重大关键技术领域的协同创新项目，并对参与其中的协同创新主体给予税收优惠、贴息贷款等扶持政策；还需要密切关注校企合作过程中的问题，及时进行协调和解决，确保校企合作的顺利进行。滇黔桂地区各级政府应对校企合作过程中出现的问题进行研究，提出合理的解决方案，为校企双方提供有力的支持。

政府作为校企协同过程的监督者，应加强对校企合作过程的监督，确保校企合作目标的实现。政府需要定期对校企合作项目进行评估，确保项目的达成，同时对校企合作过程中的问题进行及时纠正，防止校企合作出现偏差。滇黔桂地区各级政府应加强对校企合作项目的监督，确保项目按照预期目标推进。

政府作为校企成果的评估者，需要定期对校企协同创新成果进行评估，分析成果的优缺点，为校企合作提供有益的参考和有力的支持。滇黔桂地区各级政府应加强对校企协同创新成果的评估，为校企合作提供科学、有效的指导。

总之，滇黔桂地区各级政府应当充分发挥校企协同创新在培养创新人才方面的优势，加大对校企协同创新的宣传力度，调动社会各界参与校企合作的积极性，加快创新人才培养的步伐。同时，政府还须关注校企合作过程中的问题，加强对校企合作过程的监督，为校企合作提供有力支持，确保校企合作目标的实现。

8.4　研究不足和展望

本研究通过回顾和述评基于协同创新和资源拼凑理论的研究文献，结合资源拼凑方式和协同创新相关情境因素，分析了资源拼凑理论视角下的校企协同创新中创新创业教育资源价值的实现机理。根据资源拼凑理论本身的特点和发展现状，本研究尚存在一些不足之处，后续可以在几个方面进一步深化。

8.4.1　研究不足

（1）研究变量设计未能包含所有因素。本研究借鉴已有文献和成熟量表设计了研究变量，但是对校企协同和资源拼凑的前因变量、情境变量、结果变量的研究还不够深入，变量未能包含校企协同过程中影响大学生创业能力的全部影响因素。

（2）研究样本有待拓展完善。本研究通过网络大规模发放了调查问卷共 700 份，有效回收 688 份，后期征集 128 名有创业经验的大学生参与调研。回收样本主要集中在西南地区和华南地区，这些样本的收集考虑了我国区域发展不均衡的特征，具有一定的普适性和代表性，但是并没有覆盖到我国所有的省域，研究结论能否被进一步放大到样本以外的范围甚至全国范围，还需要进一步研究验证。另外，本文从个体层面出发，以参与校企合作的学生为研究样本，单独填写调查问卷并收集数据，来考察校企协同行为、资源拼凑、大学生创业能力、创业政策和校园创新氛围之间的关系，有一定的局限性，还须扩大样本范围。

（3）研究结论未经过时间验证。本研究采用的是横截面研究法，在同一时间点上同时测量校企协同行为、资源拼凑、大学生创业能力这几个变量，研究结论尚未经过时间的检验。

8.4.2　研究展望

资源拼凑理论是创业领域的经典理论，现有研究主要集中在资源拼凑对企业绩效和创新绩效的影响上。这些研究通常采用定量研究方法，通过收集和分析大量的企业案例数据，来探讨资源拼凑与企业绩效和创新绩效之间的关系。然而，对于资源拼凑理论在创业教育中的应用，现有相关研究还很少。主要是因为资源拼凑理论的提出，更多是从企业的层面来探讨创新和绩效的关系，而较少关注到个体行为和教育的因素。因此，后续研究可以从管理学领域的资源拼凑和教育学领域的校企协调创新的关系入手，开展学科交叉领域的研究。

此外，中国情境下的校企协同创新实证研究也相对较少。校企协同创新涉及多个学科领域，包括管理学、教育学、工程学等，研究的难度和复杂性较大。同时，由于校企协同创新的量化测量比较复杂，目前大多数的研究都是基于理论层面探讨，缺乏实证数据的支持。因此，需要学界系统梳理协同创新和资源拼凑的关系，丰富关于校企协同创新的实证研究。

本章小结

本章在研究结果、归纳研究成果的理论贡献、讨论研究启示、剖析研究不足和展望等方面进行了系统性的梳理，对研究结果的贡献、启示进行了深入剖析，为创新创业发展相关领域的研究提供了有益的参考和建议。

参考文献

［1］理查德·韦伯.创业教育评价［M］.常飒飒，武晓哲，译.北京：商务印书馆，2017.

［2］陈劲，殷辉，谢芳.协同创新情景下产学研合作行为的演化博弈仿真分析［J］.科技进步与对策，2014，（31）5：1-6.

［3］曹艳华，姜丽璇，周键.中小企业创新网络、资源拼凑与创新绩效：被调节的中介模型［J］.管理现代化，2021，14（6）：62-68.

［4］迟景明，李奇峰.我国区域产学研创新系统耦合协调度评价及时空特征分析［J］.国家教育行政学院学报，2020（3）：15-25.

［5］戴勇，胡明溥.产学研伙伴异质性对知识共享的影响及机制研究［J］.科学学与科学技术管理，2016，37（6）：66-79.

［6］邓志新.三螺旋理论下现代产业学院协同创新：困境根源、逻辑机理与实践路径［J］.中国职业技术教育，2021（31）：45-52.

［7］方勇，王姗姗.双元技术创新与市场导向对资源拼凑的影响研究［J］.科技管理研究，2021，41（18）：162-167.

［8］方勇，李芬，安超男.资源拼凑对企业创新绩效的影响：以环境动态性为调节变量［J］.科技管理研究，2019，39（12）：167-173.

［9］冯文娜，姜梦娜，孙梦婷.市场响应、资源拼凑与制造企业服务化转型绩效［J］.南开管理评论，2020，23（4），84-95.

［10］古家军，沈晓斌.创业者职业价值观、资源拼凑与创业绩效关系研究［J］.科研管理，2019，40（11），206-215.

［11］谷丽，任立强，洪晨，等.知识产权服务中合作创新行为的产生机理研究［J］.科学学研究，2018，36（10）：1870-1878.

［12］高擎，何枫，吕泉.产学研协同创新背景下高校科技创新效率研究：基于我国重点高校面板数据的实证分析［J］.研究与发展管理，2020，32（5）：175-186.

［13］郭卫东，侯俊霞.双创背景下关键资源获取对新创企业成长绩效的影响：基于动态能力的中介效应［J］.首都经济贸易大学学报，2021，23（3）：86-100.

［14］郭润萍，蔡莉.双元知识整合、创业能力与高技术新企业绩效［J］.科学学研究，2017，35（2）：264-271，281.

［15］何一清，崔连广，张敬伟.互动导向对创新过程的影响：创新能力的中介作用与资源拼凑的调节作用［J］.南开管理评论，2015，18（4）：96-105.

［16］胡海青，刘宁，张丹．以资源拼凑为中介的在孵企业洞察能力与创业绩效的关系研究［J］.预测，2020，39（4）：16-23.

［17］黄美娇，谢雅萍．国外创业者创业能力影响因素研究综述［J］.太原理工大学学报（社会科学版），2017，35（5）：54-59.

［18］黄艳，朱福林，陈欢，等．科技型新创企业社会资本、资源拼凑与成长绩效的关系研究［J］.科技促进发展，2020，16（12）：1535-1541.

［19］杰弗里·A·迈尔斯．管理与组织研究必读的40个理论［M］.徐世勇，李超平，等译.北京：北京大学出版社，2017.

［20］李小妹，包凤耐．高校社会资本、协同行为和协同创新绩效的关系研究［J］.科技进步与对策，2017，34（4）：122-128.

［21］李玉倩，史献芝．资源理论视角下产教融合创新生态系统的构建研究［J］.江苏高教，2021（8）：60-65.

［22］李涛，李斌．校企协同对技术创新效率的影响机制研究：基于动力学演化视角的佐证［J］.科研管理，2020，41（9）：65-76.

［23］李奇峰．嵌入性视角下校企协同创新资源整合研究［D］.大连：大连理工大学，2020.

［24］李杰，李雪梅，宋焰．内循环视域下协同创新的现实逻辑及其机制效应论析［J］.管理现代化，2021，41（6）：57-61.

［25］李梓涵昕，朱桂龙．产学研合作中的主体差异性对知识转移的影响研究［J］.科学学研究，2019，37（2），320-328.

［26］林成华，谢彦洁，李恒．众筹理念下高校精准式创业教育课程的生成逻辑与建设策略［J］.中国高教研究，2017（9）：105-110.

［27］雷怀英，张文杰，贾晓磊．知识创新视角下政产学协同创新测度研究［J］.科研管理，2022，43（8）：81-89.

［28］刘宏笪，牛文尧．高校型双创基地资源拼凑对服务质量的影响［J］.实验室研究与探索，2021，40（3），252-259.

［29］刘人怀，王娅男．创业拼凑对创业学习的影响研究：基于创业导向的调节作用［J］.科学学与科学技术管理，2017，38（10）：135-146.

［30］刘振，管梓旭，李志刚，等．社会创业的资源拼凑：理论背景、独特属性与问题思考［J］.研究与发展管理，2019，31（1）：10-20.

［31］刘振，杨俊，张玉利．社会创业研究：现状述评与未来趋势［J］.科学学与科学技术管理，2015（6）：26-35.

［32］刘帅霞，陈锋，张继伟．基于产学研创"四位一体"协同推进产教融合发展模式研究［J］.黑龙江教育（理论与实践），2020（11）：8-11.

［33］罗啸潇，王婷.国内外校企合作研究发展与启示：基于文献计量分析［J］.科学与管理，2021，41（1）：57-64.

［34］罗贤甲.协同创新视域下大学生创业教育的现实逻辑［J］.思想教育研究，2018，11：125-129.

［35］欧绍华，查君君.创业拼凑对新企业资源获取的动态影响研究：基于创业学习的中介效应［J］.经济经纬，2020，37（3）：125-133.

［36］彭灿，曹冬勤，李瑞雪.环境动态性与竞争性对双元创新协同性的影响：资源拼凑的中介作用与组织情绪能力的调节作用［J］.科技进步与对策，2021，38（20）：11-19.

［37］覃庆华.校企合作教育对创新型人才创造力的影响研究：组织创新鼓励的中介作用［J］.技术经济与管理研究，2018（4）：43-48.

［38］任泽中.资源协同视域下大学生创业能力影响因素与发展机制研究［D］.镇江：江苏大学，2016.

［39］孙永波，丁沂昕，王楠.资源拼凑与创业机会认知的对接路径［J］.科研管理，2021，42（2）：130-137.

［40］孙永磊，陈劲，宋晶.双元战略导向对企业资源拼凑的影响研究［J］.科学学研究，2018，36（4）：684-690，700.

［41］宋之杰，程翠苹，赵桐.创新资源协同主体行为的演化博弈分析［J］.工业技术经济，2016，35（6）：43-51.

［42］沈云慈.地方高校创新创业教育支持体系的构建：基于产学研协同全链条融通视角［J］.中国高校科技，2020，12：72-76.

［43］王伯庆.就业蓝皮书：2020年中国本科生就业报告［M］.北京：社会科学文献出版社，2020.

［44］王伯庆，陈永红.就业蓝皮书：2019年中国本科生就业报告［M］.北京：社会科学文献出版社，2019.

［45］麦可思研究院.就业蓝皮书：2018年中国本科生就业报告［M］.北京：社会科学文献出版社，2018.

［46］王琳，陈志军.价值共创如何影响创新型企业的即兴能力：基于资源依赖理论的案例研究［J］.管理世界，2020，36（11）：96-110，131.

［47］王占仁，刘志，刘海滨，等.创新创业教育评价的现状、问题与趋势［J］.思想理论教育，2016（8）：89-103.

［48］王佳，翁默斯，吕旭峰.斯坦福大学2025计划：创业教育新图景［J］.世界教育信息，2016，29（10）：20-27.

［49］王国红，刘隽文，邢蕊.竞合视角下中小企业协同创新行为的演化博弈模型研究［J］.中国管理科学，2015，23（S1）：662-666.

［50］王进富，黄涛，张颖颖.创业警觉、资源拼凑对破坏性创新的影响：公司创业情境单案例扎根研究［J］.科技进步与对策，2020，37（14）：102-109.

［51］王庆金，许秀瑞，袁壮.协同创新网络关系强度、共生行为与人才创新创业能力［J］.软科学，2018，32（4）：7-11.

［52］王启亮，虞红霞.协同创新中组织声誉与组织间知识分享：环境动态性的调节作用研究［J］.科学学研究，2016，34（3）：425-432.

［53］王凯，吴勇，朱卫东.开放式创新模式下企业创新资源整合能力的形成机理［J］.科技管理研究，2018，38（1）：5-29.

［54］武洋，徐治立.清华大学"产学研医"校企协同创新案例分析［J］.科研管理研究，2021，39（1）：28-32.

［55］吴亮，刘衡.资源拼凑与企业创新绩效研究：一个被调节的中介效应［J］.中山大学学报（社会科学版），2017，57（4）：193-208.

［56］毋靖雨.大学生返乡创业能力测评模型的构建［J］.技术经济与管理研究，2021（6）：36-41.

［57］肖凤翔，陈凤英.校企合作的困境与出路：基于新制度主义的视角［J］.江苏高教，2019（2）：35-40

［58］谢雅萍，梁素蓉，陈睿君.失败学习、创业行动学习与创业能力：悲痛恢复取向的调节作用［J］.管理评论，2017，29（4）：47-58.

［59］杨俊，张玉利，刘依冉.创业认知研究综述与开展中国情境化研究的建议［J］.管理世界，2015（9）：158-169.

［60］杨林，柳洲.国内协同创新研究述评［J］.科学学与科学技术管理，2015，36（4）：50-54.

［61］杨栩，李润茂.双元创新视角下资源拼凑对新创企业成长的影响研究［J］.科技管理研究，2021，41（13）：1-7.

［62］杨世明，贾建林，蓝庆新.产学研协同创新与政府职能的变迁：基于职能维度演变识别和政策文本分析［J］.中国高校科技，2021（11）：84-88.

［63］于晓宇，李雅洁，陶向明.创业拼凑研究综述与未来展望［J］.管理学报，2017，14（2）：306-316.

［64］尹辉，苏志刚.国内现代产业学院的发展与思考：内涵　模式　协同机制创新［J］.中国高校科技，2021（11）：74-78.

［65］张秀娥，赵敏慧.创业学习、创业能力与创业成功间关系研究：经典模型及相关研究

评介与展望［J］.外国经济与管理，2017，39（7）：51−64.

［66］张敏.资源拼凑会抑制企业家精神吗：基于环境不确定及政商关系的调节效应检验［J］.科学学研究，2020，38（5）：886−894.

［67］张捷，王海燕.社区主导型市场化生态补偿机制研究：基于"制度拼凑"与"资源拼凑"的视角［J］.公共管理学报，2020，17（3）：126−138.

［68］张金邦，付艳萍，陈晓伟.校企协同视角下大学生创新创业能力培养路径探析［J］.北京印刷学院学报，2021，29（z1）：190−193.

［69］张建琦，安雯雯，尤成德，等.基于多案例研究的拼凑理念、模式双元与替代式创新［J］.管理学报，2015，12（5）：647−656.

［70］张璐，王岩，苏敬勤，等.资源基础理论：发展脉络、知识框架与展望［J］.南开管理评论，2023，26（4）：246−256.

［71］赵兴庐，张建琦.资源短缺情境下创业拼凑与新产品开发绩效的关系［J］.湖北经济学院学报，2016，14（5）：80−87.

［72］赵超.大学创新创业教育与科技型中小企业创新发展影响因素及协同演化研究［D］.徐州：中国矿业大学，2020.

［73］赵文红，王文琼.基于创业学习的资源构建对创业绩效的影响研究［J］.科技进步与对策，2015（15）：86−90.

［74］赵兴庐，张建琦，刘衡.能力建构视角下资源拼凑对新创企业绩效的影响过程研究［J］.管理学报，2016，13（10）：1518−1524.

［75］赵映雪.技术联盟成员协同创新行为实证研究［J］.云南社会科学，2015（6）：84−89.

［76］赵树良.互联网背景下区域开放式创新与资源共享模式研究［D］.合肥：中国科学技术大学，2016.

［77］祝振铎.创业导向、创业拼凑与新企业绩效：一个调节效应模型的实证研究［J］.管理评论，2015，27（11）：57−65.

［78］祝振铎，李新春.新创企业成长战略：资源拼凑的研究综述与展望［J］.外国经济与管理，2016，38（11）：71−82.

［79］章立群，翁清光.政校企三位一体的产学研协同创新机制研究：基于近年福州市的调查状况分析［J］.中国高校科技，2020（9）：67−70.

［80］LUAN D, ZHANG P. Research on cultivation mode of collaborative innovation between school and enterprise for full−time engineering master of material engineering specialty［C］. Proceedings of the 2018 3rd International Conference on Humanities Science, Management and Education Technology, 2018（122）：613−617.

［81］HU K，TU M E. Research progresson synergicl innovation theory：a literature review［J］.International Journal of Economics & Mangement Sciences，2016，26（1）：18−31.

［82］LIAO Z J，WENG C，LONG S Y，et al. Do social ties foster firms' environmental innovation? The moderating effect of resource bricolage［J］.Technology Analysis & Strategic Management，2021，33（5）：476−490.

［83］ORAZBAYEVA B，SIJDE P V D，BAAKEN T. Autonomy， competence and relatedness− the facilitators of academic engagement in education−driven university−business cooperation ［J］. Journal of Educational Research and Policies，2021，46（7），1406−1420.

［84］SONG H， WU L. Evaluating the collaborative innovation of tourism management specialtys three dimensional teaching mode based on online learning［J］. Innovation， 2016，9（3）：25−34.

［85］XU J L. Exploration and practice research on cooperation between schools and enterprises education based on the working process of the action oriented［J］.Vocational Education，2020，9（1）：65−73.

［86］LIU Z，XIAO Y Z，JIANG S Y，et al. Social entrepreneurs' personal network， resource bricolage and relation strength［J］. Management Decision，2020，4（1）：2774−2791.

附录 1 校企协同创新对大学生创业能力的影响调查问卷

亲爱的同学:

您好!感谢您参与此次调研,本次调研主要面向高校学生,探索校企协同创新对大学生创业能力的影响。问卷不要求填写姓名,且会对您填写的信息严格保密,仅将所得数据用于学术研究之用。请按照您的个人经历和想法真实填写反馈,非常感谢您的支持和参与!

如您对分析结果感兴趣,欢迎您提供邮箱,我们会在研究结束后及时将研究结果发送给您!感谢您的合作和支持!

敬祝

工作顺利,万事如意!

第一部分:个人背景。

请根据自己实际情况,在相应选项的□上画"√",或填写真实回答。

1. 性别:□男　　　　　□女

2. 学历:□专科　　　□本科　　　　□硕士　　　　　□博士及以上

3. 你所学的学科:□哲学　　　□经济学　　　□法学　　　□教育学　　□其他

　　　　　　　　　□文学　　　□历史学　　　□理学　　　□工学

　　　　　　　　　□农学　　　□医学　　　　□管理学　　□艺术学

4. 您上大学前的居住所在地:□地级市(城)区　　□城乡接合部　□县(镇)域

　　　　　　　　　　　　　　□农村或边远山区　□其他

5. 您是否有创业经历,是否曾创业成功:

□没有创业过　　　　□创业过但未成功　　　□创业过,且曾成功

6. 您所在大学的省份区域是?

□华东　　　　　□华北　　　　　□华中　　　　　□华南

□西南　　　　　□西北　　　　　□东北

7. 您的邮箱:＿＿＿＿＿＿＿＿＿＿＿＿＿＿＿＿＿＿＿＿＿＿＿＿＿＿

第二部分:请您按您的实际情况和想法,在每道题最适当的选项上画"√"。选项中 1=完全不符合,2= 不符合,3= 一般,4= 大部分符合,5= 完全符合。

一、请表明您在多大程度上同意以下关于您所在学校和企业情况的描述，从右边的五个选项中，在最能反映您真实感受的选项上画"√"。

		问题	选项 完全不符合→完全符合				
校企协同	教学资源	1. 学校、企业为我提供了丰富的创新创业类学习活动	1	2	3	4	5
		2. 学校、企业有丰富的创业师资团队	1	2	3	4	5
		3. 学校和企业建立了创新创业相关的信息服务平台	1	2	3	4	5
		4. 创新创业要素融入了校企合作课程	1	2	3	4	5
	实践资源	1. 参加校企合作后，参加过一些诸如创业大赛之类的活动	1	2	3	4	5
		2. 参加校企合作后，有过一定的就业创业实习或工作经历	1	2	3	4	5
		3. 参加校企合作后，有一定的创业实践孵化经历	1	2	3	4	5
		4. 校内外建立了有效的创业孵化器	1	2	3	4	5
	文化资源	1. 校企合作的创业氛围浓厚	1	2	3	4	5
		2. 学校和实习见习企业普遍鼓励创新创业	1	2	3	4	5
		3. 父母或亲人很支持创业	1	2	3	4	5
		4. 当地文化鼓励创造和创新、鼓励承担风险	1	2	3	4	5
	社会资源	1. 风险投资和金融机构活跃程度很高	1	2	3	4	5
		2. 参加校企合作后，容易获得外部的科技帮助和科技成果	1	2	3	4	5
		3. 参加校企合作后，容易获得创业所需的信息资源	1	2	3	4	5
		4. 参加校企合作后，拥有良好的社会网络及其人脉资源	1	2	3	4	5

二、请表明您在多大程度上同意以下关于校企协同中所在学校和企业资源拼凑过程的描述，从右边的五个选项中，在最能反映您真实感受的选项上画"√"。

		问题	选项 完全不符合→完全符合				
资源拼凑	利用式资源拼凑	1. 我有信心通过对现有资源既定认知的利用找出可行的解决方案	1	2	3	4	5
		2. 和其他人相比，我能利用现有的资源应对更多的挑战	1	2	3	4	5
		3. 我善于利用现有的资源来应对创业中的新问题或新机会	1	2	3	4	5
	探索式资源拼凑	1. 我通常都会做出行动并假设能够找到可行的解决方案	1	2	3	4	5
		2. 当面对新挑战时，我有信心能够通过对现有资源的创造性整合获得可行的解决方案	1	2	3	4	5
		3. 我能够通过改变资源的用途以及开发新的资源来应对发展过程中的新挑战	1	2	3	4	5

三、请表明您在多大程度上同意以下关于参与校企协同后您本人情况的描述，从右边的五个选项中，在最能反映您真实感受的选项上画"√"。

		问题	选项 完全不符合→完全符合				
创业能力	机会能力	1. 我可以识别具有潜力的市场领域	1	2	3	4	5
		2. 我能够评估潜在商业机会的优势和劣势	1	2	3	4	5
		3. 我能够抓住高质量的商业机会并加以实施	1	2	3	4	5
	融资能力	1. 我能够开发有效途径进行融资	1	2	3	4	5
		2. 我能够利用各种方式进行融资	1	2	3	4	5
		3. 我能够顺利获得政府的政策和财务扶持	1	2	3	4	5
	承诺能力	1. 我可以忍受工作中的各种压力和意想不到的变动	1	2	3	4	5
		2. 即使面临逆境我也会坚持	1	2	3	4	5
		3. 我将遵守诺言，在市场活动和企业管理中做到公平、开明、诚实	1	2	3	4	5
	构想能力	1. 我能将相关想法、问题和从不同资源中观察到的事实连接在一起	1	2	3	4	5
		2. 我会及时调整企业的战略目标和经营思路	1	2	3	4	5
		3. 我能准确对企业在市场中的地位进行再定位	1	2	3	4	5
	运营能力	1. 我能有效地领导、监督、激励员工	1	2	3	4	5
		2. 我能合理配置企业内部人、财、物等各种资源	1	2	3	4	5
		3. 我能与有关键资源的人建立并维持关系	1	2	3	4	5
		4. 我能够及时采取补救措施来解决公司运营的问题和困难	1	2	3	4	5

四、请表明您在多大程度上同意以下关于政府对您所在学校和企业支持情况的描述，从右边的五个选项中，在最能反映您真实感受的选项上画"√"。

	问题	选项 完全不符合→完全符合				
创业政策	1. 政府提供便利的创业手续和流程	1	2	3	4	5
	2. 政府有完善的创业制度规范创业行为，保障创业成果	1	2	3	4	5
	3. 知识产权保护政策实施效果显著	1	2	3	4	5
	4. 政府给创业者提供优惠的创业税收政策	1	2	3	4	5
	5. 政府提供的创业基金或补贴较容易获得	1	2	3	4	5

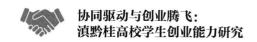

五、请表明您在多大程度上同意以下关于您所在学校对学生创新创业支持情况的描述，从右边的五个选项中，在最能反映您真实感受的选项上画"√"。

	问题	选项 完全不符合→完全符合				
校园创新氛围	1. 学校的政策制度使大家富于创新热情	1	2	3	4	5
	2. 学校鼓励学生提出有创意的点子	1	2	3	4	5
	3. 学校的奖励制度有效地促进了创新	1	2	3	4	5
	4. 学生有合理的创新想法，学校会给予支持	1	2	3	4	5

附录 2　校企协同创新对大学生创业能力影响现状问题访谈提纲

1. 请简述您参与的校企协同创新项目，包括参与校企合作的形式、累计参与校企合作的时间等。

2. 您在参与校企合作的过程中遇到哪些问题，学校和企业是如何处理的？

3. 您所在学校内部对于协同创新是否积极支持，有没有专门的负责机构或合作机制？

4. 通过协同创新，您获得了哪些自身期望获得的外部资源（如技术、资金、人才、市场等）？

5. 您参与的校企协同创新项目持续多长时间，长期和短期的协同合作是否会有不同？

6. 您所在学校是否有增加与合作伙伴协同深度的行为，如建立战略联盟、共建研发机构等？如果没有，您认为是什么原因？

7. 您认为应如何通过校企协同方式来培养学生的创业能力？

8. 您认为校企合作能让高校产生哪些收获？

9. 您认为校企合作能让企业产生哪些效益？

10. 您对校企协同创新的模式有什么好的建议？